轻与重
FESTINA LENTE

姜丹丹 何乏笔(Fabian Heubel) 主编

十八世纪的自由

[法]菲利浦·索莱尔斯 著　唐珍 郭海婷 译

Philippe Sollers
Liberté du XVIIIe

华东师范大学出版社

华东师范大学出版社六点分社　策划

主 编 的 话

1

时下距京师同文馆设立推动西学东渐之兴起已有一百五十载。百余年来，尤其是近三十年，西学移译林林总总，汗牛充栋，累积了一代又一代中国学人从西方寻找出路的理想，以至当下中国人提出问题、关注问题、思考问题的进路和理路深受各种各样的西学所规定，而由此引发的新问题也往往被归咎于西方的影响。处在21世纪中西文化交流的新情境里，如何在译介西学时作出新的选择，又如何以新的思想姿态回应，成为我们必须重新思考的一个严峻问题。

2

自晚清以来，中国一代又一代知识分子一直面临着现代性的冲击所带来的种种尖锐的提问：传统是否构成现代化进程的障碍？在中西古今的碰撞与磨合中，重构中华文化的身份与主体性如何得以实现？"五四"新文化运动带来的"中西、古今"的对立倾向能否彻底扭转？在历经沧桑之后，当下的中国经济崛起，如何重新激发中华文化生生不息的活力？在对现代性的批判与反思中，当代西方文明形态的理想模式一再经历祛魅，西方对中国的意义已然发生结构性的改变。但问题是：以何种态度应答这一改变？

中华文化的复兴，召唤对新时代所提出的精神挑战的深刻自觉，与此同时，也需要在更广阔、更细致的层面上展开文化的互动，在更深入、更充盈的跨文化思考中重建经典，既包括对古典的历史文化资源的梳理与考察，也包含对已成为古典的"现代经典"的体认与奠定。

面对种种历史危机与社会转型,欧洲学人选择一次又一次地重新解读欧洲的经典,既谦卑地尊重历史文化的真理内涵,又有抱负地重新连结文明的精神巨链,从当代问题出发,进行批判性重建。这种重新出发和叩问的勇气,值得借鉴。

3

一只螃蟹,一只蝴蝶,铸型了古罗马皇帝奥古斯都的一枚金币图案,象征一个明君应具备的双重品质,演绎了奥古斯都的座右铭:"FESTINA LENTE"(慢慢地,快进)。我们化用为"轻与重"文丛的图标,旨在传递这种悠远的隐喻:轻与重,或曰:快与慢。

轻,则快,隐喻思想灵动自由;重,则慢,象征诗意栖息大地。蝴蝶之轻灵,宛如对思想芬芳的追逐,朝圣"空气的神灵";螃蟹之沉稳,恰似对文化土壤的立足,依托"土地的重量"。

在文艺复兴时期的人文主义那里,这种悖论演绎出一种智慧:审慎的精神与平衡的探求。思想的表达和传播，快者，易乱；慢者，易坠。故既要审慎，又求平衡。在此，可这样领会：该快时当快，坚守一种持续不断的开拓与创造；该慢时宜慢，保有一份不可或缺的耐心沉潜与深耕。用不逃避重负的态度面向传统耕耘与劳作，期待思想的轻盈转化与超越。

4

"轻与重"文丛，特别注重选择在欧洲（德法尤甚）与主流思想形态相平行的一种称作 essai（随笔）的文本。Essai 的词源有"平衡"（exagium）的涵义，也与考量、检验（examen）的精细联结在一起，且隐含"尝试"的意味。

这种文本孕育出的思想表达形态，承袭了从蒙田、帕斯卡尔到卢梭、尼采的传统，在 20 世纪，经过从本雅明到阿多诺，从柏格森到萨特、罗兰·巴特、福柯等诸位思想大师的传承，发展为一种富有活力的知性实践，形成一种求索和传达真理的风格。Essai，远不只是一种书写的风格，也成为一种思考与存在的方式。既体现思索个体的主体性与节奏，又承载历史文化的积淀与转化，融思辨与感触、考证与诠释为一炉。

选择这样的文本，意在不渲染一种思潮、不言说一套学说或理论，而是传达西方学人如何在错综复杂的问题场域提问和解析，进而透彻理解西方学人对自身历史文化的自觉，对自身文明既自信又质疑、既肯定又批判的根本所在，而这恰恰是汉语学界还需要深思的。

提供这样的思想文化资源，旨在分享西方学者深入认知与解读欧洲经典的各种方式与问题意识，引领中国读者进一步思索传统与现代、古典文化与当代处境的复杂关系，进而为汉语学界重返中国经典研究、回应西方的经典重建做好更坚实的准备，为文化之间的平等对话创造可能性的条件。

是为序。

姜丹丹（Dandan Jiang）
何乏笔（Fabian Heubel）
2012 年 7 月

目 录

弗拉戈纳尔的惊人之处 / 1

我和我的大脑 / 43

当今的萨德 / 46

疯狂的圣西门 / 54

颂扬麦特伊侯爵夫人 / 63

思想的欧洲 / 70

莫扎特之为莫扎特 / 77

地点与表达形式 / 85

风格与爱情 / 90

神秘的伏尔泰 / 97

生活中的萨德 / 104

完整的卡萨诺瓦 / 112

深刻的马里沃 / 122

古典主义作家的品味 / 129

小说的自由 / 139

萨德的诞生 / 146

如今的伏尔泰 / 153

弗拉戈纳尔的惊人之处

努力从纷杂的事务中抽身吧,大自然对我这么说,并鼓励我面对生活。

　　　　　　　弗拉戈纳尔给一位朋友的回信

　　噢,请听好,在原点或者我们所停留的原点,我们只抱一个奢望,让我们安静下来,能够体验此刻的感受……我们关上门。加了两道栓。便于人家在外面抛弃我们。这很反常吗?就是这样。要出去必须先把门锁好。看,其他人都进去了,你把他们锁在了里面,我们私下快速交谈的场景就属于你了,我们会向你展示这里的精彩。你不要对任何人说,能保证吗?我感觉到他,那个弗拉戈纳尔的存在,我像透明的双面人与他并行,期待着,听他说话……我们被重大的新闻报道、令人头痛的道德伦理、未来的工厂排除在外是多么快乐……开始,我们好奇。后来兴奋。后来被强制。后来被惩罚。后来被遗忘或者被歪曲。后来疲惫不堪。后来便自由自在了。决定这么做足矣,或者不如这么说,实施这个决定就足够了。

到了让弗拉戈纳尔成为一位**思想深邃**的画家的时机。要做到这一点,就像必须徒手举起一块必将落地的石头那样,被我们绝妙地称之为历史的分量,它总和了抵抗、盲目,200年来积累的恶意,惩罚了再现出来的与人类的无理无法等同的现象。哦,你想说的是18世纪吗?还要提它?再次提它?是的。我无能为力,只有在那个时代,当我们制止它失控时,制止我们想不顾一切代价让它错误地指向北方时,那磁针才能自转返回。何况,我们不遗余力探寻更多的是南方,神秘的南方,那个黄金时代,那个有形的天堂。它存在过,有人见过它,所以我们可以再找到它。那已经完全不是亚当和夏娃时期的,总是被注定命运的大蛇搅得颇有狂乱之意的古老天堂了,他们从一开始就被定型,维持了人们对经典大片初始人型的信任,不,那是一个人群聚集的天堂,熙熙攘攘,形影不离,充满现实和享有特权的时刻。那些轮廓、画面告诉我们"一切都发生了"。"一切都发生在那个时刻、那个角度,我知道,我把画笔、铅笔与地点和形式重合在了一起",后来一位诗人这么说过。他怎样说明这一切的呢?是灵感?没错。"我拥抱了夏日的黎明。""当世界从我们四道诧异的目光浓缩在一片阴暗的树丛里——在一片只有两个忠实孩子的海滩上——在我们激情四射回荡着音乐的房间里,我会找到你。""我是个发明家,与以往的发明家不同的是值得赞扬;也是个音乐家,发现了某种类似爱情的钥匙。""这是各种性格的人聚在一起,带着各种表情怀着各种情感所共有的昙花一现的梦境。""沿着葡萄园,一只脚踏在排水管上——我走下来,进入一辆老式四轮马车,从车上凸出的镜面、鼓起的挡板和扭曲的座椅可以辨认出它的时代。""卖掉人们从不会卖掉的身体、声音,*毫无疑问的巨额财富*。""*醒来已是正午。*"

我在兰波的这些诗句里,强调了"毫无疑问的巨额财富"这一句,在我看来,它适合弗拉戈纳尔对我们特别的坦言。我希望走近这两个名字。我似乎联想到了克洛岱尔在他1941年7月8日的一篇关于阅读弗拉戈纳尔的充斥着法兰西谦卑、满载道德范畴所愿的零度,题为《眼在听》的小文里,亲自树立起的这个关系……"一个没有发出声音的句子的响声充斥了整个场面。"在7月1日的《日记》里(天很热,为什么不可能是中午?),提到一男一女两位演员的时候,还有更明确的注解:"男人为了阅读,背向人生,另一个决定充分施展能力的女人,给予了他片刻的关注。"——"这是悲伤的画面,"还是克洛岱尔这么说,"我们是不可能用耳朵去倾听他们的。"也许。然而,可能必须比伸出耳朵要多做些事。今天,弗拉戈纳尔决定对我们畅所欲言,甚至为我们举办一场音乐会。

对此,需要时间。可笑的时间,历史学家不停地对其相互质询、相互辱骂,特别因为时间对或多或少吸引了所有讨论和解读的精神创伤——法国大革命,提出了质疑。我们只能简略地这么说:追忆弗拉戈纳尔,这个国家——以及与他共存的整个世界——可能会提出唯一真正值得成为问题的问题。人类在什么地方、怎样、在什么条件下,才能没有压力、不被神化、软弱地、精神焕发地处于具体、饱满的状态？在什么地方、什么时间无休止的伦理才能避开魑魅魍魉让位于欲望？这个问题是弗拉戈纳尔的灵魂，也是这个名字所指出的全部内涵。问题不涉及宗教（哪一位画家不是转向天空或者地狱的？）、集体冒险，而是关系到最终了解用人体能做什么，在此，此时此刻，已经不是奴役身体，折磨它，强迫它劳作或者按照群体的规则强迫它消闲娱乐，简言之，既不利用它也不使用它。必须要说明的是犹如用劳作的力量打造身体，我们用愉悦的力量打造它——运用这个力量的原则，我感觉我们的画家希望用特别的执着在空中抓获的正是这些。因此他的名字，我们知道他的签名是弗拉戈（Frago），在这些音节里，不可能听不到拉丁语 *ago* 的发音，它意指进入运动，动起来，向前冲，完成，继续；也有照记事簿的安排，演戏或者把握角色，度日或打发时间的意思。以第一人称进入场景的是**行为**。我们可以判定用的是一种竞技的方式，再说，这也是一场战斗。是谁用折断、分裂、打碎制造出了（*fragor*）这个声音。一个散发芳香（*fragro*），用意大利语还可以听到的草莓背景的声音（但是意大利靠近格拉斯，那是弗拉戈纳尔的城市和香料之都，其中还有印度的甘松香,或者说意大利的甘松香,俗称宽叶熏衣草)。结果,为了达到事物的完美,为什么像解读汽车牌照号码一样,禁止在弗拉戈(Frago)里听到法兰西(France)前三个字母的发音呢?这是简单而亲昵的法语表达,而不是在说弗拉戈纳尔(Fragonard),你死了。让-奥诺雷·弗拉戈纳尔从自己的名字直接切割字母不是偶然。他摆脱了自己的老师布谢和夏尔丹的束缚,把意大利看作对角线(进行了两次旅行,其中一次和一位也没有用真名的伟大朋友,圣-侬天主教士一起),他要坚持强调自己执行的自由和独立(没有机构,个人操纵),毫无疑问,他就是弗拉戈(frago),是运动着的运动,与他们断绝关系时绝不犹豫(贝尔热莱财团的税务员第二次把他带到意大利时惊愕地发觉,这位艺术家竟然愿意为他保留自己的画作),艺术家的全部传记都任凭他自己去预测(还有他的全部画幅!),这是他所处时代最自由的一个人,犹如只有马奈、罗丹或者毕加索有一天会和他一样,他认可伟大的瓦托,他推进了冒险——简言之,人们想抹杀他,他自岿然不动。甚至滑稽地屹立在那里,因为他的一幅主要油画《圣-克鲁的节日》不远不近,就安放在法兰西银行总裁的公寓里。

  人们对他几乎一无所知,相关材料很少。"努力挣脱你的事务,大自然对我这么说过,鼓励我面对生活"和"我用臀部作画"肯定是他仅仅说过的一席话里的两句。不多,也不少。应该与他和睦相处。一言以蔽之,我们杜撰他,与他虚构自己的节日如出一辙。幸运的小船抵达了兰布莱。从何而来?塞瑟岛吗?维纳斯女神那里吗?另一个星球吗?那个自然景观是哪里?你在哪里遇见过?处处可见,无处不见。就像卢梭在《新爱洛伊丝》中确定公园概念时所言:"组合了极为艳丽而多姿多彩的景色,景观的选择因地制宜,除了汇集一处,处处呈现天然合成。"请看:梦境中的植物顶端掠过一束光亮。树荫遮掩的洞穴告诉人们不知何物进入了其中。小船从右侧照"东方方式",中国方式,与书写和阅读的相反方向驶入。你们在颠倒的方向和景观中被邀。过一会儿,在小路尽头,将完成一个特别的礼仪,一个热情而神奇的祈求,誓言,供奉,牺牲,礼品。一位女性身躯将驾驶船只,一个头发散乱,披挂纱巾,液体状的,融化了的,面对雕塑的形象。这个身体想融化,想被塑造得以延续。这个身体荡完秋千,捉过迷藏,从花园玩乐后而来,手是热乎乎的,她输了赌,她继续,攀爬……摆出捉迷藏、碰到害怕和高兴的事的所有借口都很棒。戏剧舞台就是这样:有布景,那时候喜欢围上画板,插进幻象,于是,加入音响,处处显现出真实,增加了机遇。我们在此看到了弗拉戈纳尔的女舞伴,她与他韵律合拍,她是吉马尔小姐。我们还看到了陪伴维瓦尔第的安娜·吉罗,她表演两个花样:玩乐器,展示歌喉。同样倾听小型歌剧,听的须是音调,乐谱线来撕碎了人工打造的花园。我们知道,比如,《荡秋千的偶然欢乐》(1859年被卢浮宫拒收的油画,后来进入了伦敦华莱士收藏馆)是一位艺术家订购的,因为他更为注重体面而拒绝自己完成它。他们聚集到巴黎周围的"一座小屋",一位宫廷人士很想和自己的情妇确定喜欢的游戏。他们可能在一个秘密淫荡社团,路易十四时期这样的社团很多,是**时兴社团,最为享乐的范畴**。时兴社团,逢时,即欲望时刻。在安廷围堤一带,在弗拉戈纳尔给吉玛尔小姐装饰的客栈里,他必须为这些"时刻"做好准备,他感到惊讶的是发现了一件与这个地方相关的传到我们这里的罕见轶事。那是1773年,那件事有两个版本。一个是格里姆的,在龚古尔兄弟引用的他的文学书信里,信中说,女舞伴和弗拉戈的不和致使他秘密修改了那副被他神化过把女友画成忒耳普西科瑞的肖像。"在一个风和日丽的日子里,他钻进客厅,趁接替他绘画的人不在,拿起他的调色板和画笔,转瞬间就在那张女神的微笑上抹了一笔,嘴角抬起,画成一张发怒的嘴巴,一幅提西福涅的面孔,吉玛尔小姐酷似这个形象,此时,该小姐正好过来向朋友们介绍她的沙龙,她面对画家的报复,大为光火。"另一个版本是弗拉戈纳尔夫人讲述的:弗拉格纳尔走开了——没付现金给他?——那时她对他说"画家先生,还没画完吧?"他回答道:"都画完了!"摔门而出。在这个情况下,"接替人"可能是大卫,一直为此感谢弗拉戈纳尔(恐惧时从他那里得到保护)。背景问题,如人们所见,并不是清清白白的问题(我联想到莫奈的《睡莲》)。与巴里夫人闹翻以后,弗拉戈纳尔后来和大卫一起带走了她订购的四幅画到格拉斯。他当年住的别墅名气很响(现在可以参观),是他躲避警察的隐身之处,是一座容易分辨的建筑:入口处和阶梯上满是共和党人和共济会的标志(安抚了新秩序下的过路人),"欲望时刻"分布在各层楼上。弄清楚住在哪里,和谁,为什么,可能是艺术最重要的难题之一。

可以确定的是,在弗拉戈纳尔家(是啊,和在萨德家一样),出了个小姨子的事。他结婚时40岁。他的妻子玛丽-安娜·热拉尔立即建议他和自己的妹子玛格丽特一起生活。玛格丽特16岁。她常说起自己的"情人和好友弗拉戈"。姊妹二人在不经意间成了画家。我们可以推断,她们懂得如何操纵画笔。她们作画缜密。前者也有两个孩子:罗萨丽(18岁身亡)和艾瓦利斯特。弗拉戈纳尔的隐私安排照我看来,处处都很感性。首先,他经历的黄金岁月处在精致升华的乱伦气氛中,这个气氛会从下面照亮他的画作。这也是个谜:家庭生活和放荡不羁同时进行:是持久的和短平快的,经济型和消费型的。很少有画家和确实"娇小可爱"的孩子在一起也自在自如,不只是"爱神"充当了女性裸体沉迷于自己隐秘处的的插翅催化物,还有活泼可爱,耀眼迷人的幼男,幼女。这是历史的短路吗?那个《皮埃罗》手藏在袖管里,藏在画幅里,勃勃生机都集中在了他熠熠生辉的眼神上,还有毕加索1925年创作的《波罗》。

同样是孩子,两位父亲都是从讲实效的喜剧原则出发。这个小姑娘将来可能是个风骚女人,那个小青年皮埃罗在成为一个受到自己处境直接打击,变成易怒的人之前,是一个参与行动的人。弗拉戈纳尔的乐师们,巴黎的西班牙人生命垂危时的剑客们,毕加索和弗拉戈,都进行的是同样的战斗,画家和自己的模特儿,在画布上留下亲吻的痕迹,叙述者兼艺术家的傲慢嬉戏,请你们做判断和比较吧。何况在《模特儿的第一次》和《小学女教师》之间还有共同点:从在学校面对摩西十诫(必须学会阅读)进行学习,到准备解析女性身体之间,形成了飞跃,形成了颠覆的局面,我多么喜欢像读一部透露隐私的自传那样去读那个身体("有一天你会读到她,那个身佩短刀的美丽智慧女郎!")弗拉戈纳尔特别期待娱乐消遣,那个引领入门和阅读(阅读,永恒的主题)的色情女教师在隐蔽的游戏上,打开了捉迷藏的大门,用手表达视觉,学习细腻的维度,这是去触摸看来纯洁的细部,额头,颈背,头颈,鼻子,肩部的最好借口。第二和第三维度分别是发热的手,失去理智的信。那些人是幸福的,年轻时,他们在南方就读于靠近大公园的初中或混合公立学校。这有些改变了法语课,希腊语课,拉丁语课,历史课。灌木丛中的荷马……与树木高度形成对比的拿破仑……在葡萄园和草原牧场的背景里背诵《拉莫的侄子》……可爱的龚古尔兄弟在巴黎谴责了《包法利夫人》(对巴里夫人的思念)和《恶之花》以后,正在重新抛出18世纪,宣扬在普罗旺斯逗留日子里的时髦。他们不再坚持什么,自然主义令他们厌倦,帝国让他们不寒而栗(两个"帝国",却从未有过弗拉戈纳尔的共和国!),他们积累词汇的唯一乐趣就是给弗拉戈戴上花环:月桂树、橙子树、柠檬树、石榴树、巴旦杏树、枸橡树、野草莓树、香桃木树、香柠檬树……花儿有:郁金香、康乃馨、玫瑰……还有植物:百里香、迷迭香、西洋红、薄荷、甘松茅、熏衣草……芦苇……"香气芬芳,充满蜜糖,香精,糖果的格拉斯。"他们甚至还有这么一个表达,几乎给了那些植物全面恢复名誉的权利:"天堂里的蒸馏器"。当然,我们还处在认为艺术家是某个地方和某个环境的成果的年代。这并不错,但也不真实,没有那些条件,不是还会有被遴选出来的而不是被召唤出来的人物吗,因为大自然的存在并不是为了确认他们。同样,孩子在这儿或那儿出生,并不是一回事。我们当今的偏见本末倒置到了这种程度:真实必须处于环境。然而很难否认的是,有利于暴露的环境导致了原始符号的储备。所有惊人的场景都一文不值。

这就是人们如何能同时成为哲学家和活动家的原因。圣-农教士或布罗泰什先生的画像也出自自画像,当然,这些画像来自对*急板*(fapresto),处决的枪弹,绘画行动,*动作极速*(frago presto),*动作刚劲*(frago furioso)的*辩护*……在此,弗拉戈已经远离自己的时代,我们不会把他关在那里,他在一阵消沉过后,处在了文艺复兴时代或者后现代的幻想之中,圣-农以西班牙人身份出面,狄德罗伏案阅读……煮沸衣物和布是暂时出现的现象。他们好像是没有宗教的奇怪先知,不打仗的战士,没有体系的思想家,一时的外交家,像是被既不来自内部也不来自外部的明显事情忍受着鞭打。那么来自哪里?来自从纯净空间释放出来的一种能量。可能他自己在画幅的背面留下的古老字体行文如下:"肖像作者弗拉戈纳尔,1796年,用时1小时。"他想通过业余画家和行家的形象,指出他签名的快速,穿越的厚度,宽阔的笔触,愤怒的笔迹,欲求的颜色。那些肖像人物来自拉里奥斯托的主要人物,洛朗则是在意大利被发现的(我们考虑用法语词汇表达维瓦尔第歌剧里的疯狂:无论怎样,圣-农和弗拉戈,在他们的首次由提埃坡罗披露出来的旅行中,都可能听到这个奥兰多的声音)。法国人会怎么想? 他们是如何在思考中旅行的? 我觉得,两个人物的出现告诉了我们一切:即弗拉戈纳尔画的狄德罗,马奈画的马拉美。我思的两位体验者炉火纯青,借用准确对称和提供证明的画笔(不真实的逆命题),完全作出了间接颠覆。出自拉菲尔笔下的郎世宁可以与这两个复杂的形象对话,他们处于低谷的悠闲自如,轻松潇洒(sprezzatura)使他们活跃起来,变得难以琢磨,"我的思想,我的婊子。""最终处于自身的永恒改变了他"。这时候,我们要引进一位作家的两句名言:"风格是人本";"爱情拥有的美好之最,是肉体",1785年9月,埃罗·德·塞歇尔这样描写一个人:"德·布封先生年轻的时候,有时半夜两点钟把巴黎的夜宵带回家;清晨5点钟,有个萨瓦人过来抓住他的双脚,拖到方砖地上,遵命对他施暴,可能是在朝他发火。他还对我说他工作到傍晚6点。他对我说,那时我有一个宠爱的小情人。于是,我好不容易熬到6点种敲响去看她,甚至经常担心再也见不着她。在蒙巴尔,工作一结束,他就让人找个小姑娘过来,因为他一直很爱她们;可是他还是5点准时起床。他只见小丫头,不喜欢和那些耗费他时间的女人们搞在一起。"

了不起的布封!

那个"耗费"令我欣喜若狂。

1802年,玛格丽特·热拉尔写信给弗拉戈纳尔和他妻子,祝贺他挣到的"不止是几个杜卡托",由此可以推测他的窘迫状况,还祝贺他"跟两三个小姑娘搞来搞去"。

小女子吗?比如说《挤奶的年轻女郎》可以称之为对思想家的安慰。请把我想看到的乳房指给我看看。很简单。但是不那么清晰。此刻令我感兴趣的是,狄德罗翻阅的"犹如"冲出衣衫的乳房的**大百科全书**。弗拉戈纳尔是地毯商的儿子,棉布对他来说不是秘密。他出自一个布商世家。棉,绒,<u>丝</u>,蕾丝,塔夫绸,缎,锦缎源源不绝。褥单还有衬衣,我们去看看。还有窗帘,于是又有了挂毯,鸭绒被,长枕,床垫,枕头,手帕等等产品。睡觉时着衣还是裸露,醒来时穿衣,都可以忽略,"舒服随意",这个思想在延续,同样,身体的思想不断惊异自己的存在,它在计算,在评估,在回忆,在*摆脱*。清晨,狄德罗刚起身便开始了阅读,他隔窗眺望树木掌握知识,思维,观察,为表达而消耗精力,同时进行索菲·沃朗刚刚收到他的来信:"我领来别人引荐给我的两个英国人到艾卡尔家(1758年定居于巴黎的德国羽管键琴师),他连续三个小时表现神圣,卓绝,崇高。在那次的间歇期间,如果我不是一心想着世上有您在,真想一死了之。因为我想不到有世界存在。因为对我来说,只有绝美的音色和我共存。"或许可能有这样的情景:"然后就是发泄疯狂的晚会;然而天知道是什么样的疯狂,我们的蜡烛盘十次被吹熄又被点燃。此刻狄德罗把一只手伸向她的脊背,愈摸愈深;她挣扎着说:'那不是总跑向乐器的音乐家的狗狗吗?'"或许还有他从俄罗斯回来后说过的话:"德布拉西夫人,有人说我不在的时候,他们为我割去了脚下的草。如果您保持原来的状态,您肯定会很好地为我保管好这些草。如果您放弃了刻板的原则,我恭喜您的反常和多变。如果卜夏尔夫人保留了对本质故事的品味,我多么希望被她亲吻!我有大理石,她就给大理石留下频频亲吻;我有金属,就给金属留下频频亲吻;我有矿石,就给矿石留下频频亲吻。要报答整个西伯利亚,她会怎样做呢?倘若每个亲吻都该有自己的位置,我建议她自备肯为她这么做的女友。"狄德罗不承认弗拉戈纳尔吗?这不重要,这同样是强权痉挛,直至句法。精神痉挛在欧洲处处得以欣赏,因为最终,大家在德语和后来的英语中摇摆不定之前,都讲法语。那么以后,绘画是不是因为法语的同样昂奋也处在了有利地位呢?答案显而易见。狄德罗的回答是:"哲学不过是激情的言论。是一个时期的老化。"没有绘画的哲学是什么呢?是延续的老化。

  文学,绘画,音乐。弗拉戈纳尔作为杰出的画家,意识到身体找到了自己主要呼吸的关键。以他的作品为目标的评价并不多,对此可能做出这样的解释:找到了"解决办法",它幸运地表现了出来,因此也必须所剩无几地消失。那是一个没有问题的世界,因此是不在场的世界,是被诅咒的现实,纯粹表面的世界,在背后无可探寻,没有任何变化,没有烦恼没有罪行,甚至没有波德莱尔让瓦托承受的浪漫忧伤的痕迹,鲁本斯以"鲜嫩的肉体作枕"比不肯把自己奉献给任何神话还要傲慢得多。这是零度的象征。至少表达了一次完美的内在。然而内在并没有承受力。我们感觉历史(l'Hystoire)在用尽全力向弗拉戈纳尔大叫:**够了!** 应该重新有一个世界了。应该让我们跌落入时间。包括照惯例,经过挪亚时代的大洪水,如果我们真能猜出那些经过思考的油画里的居民说的:"我们之后是大洪水"。弗拉戈纳尔的无意识不仅不知道时间,而且还为这个世界的普通人物,奴役般生存而得以宽恕的人类,确定了时间的空缺。也许他还把自己的传奇故事定位在了远古时期和古代诸神当中吧! 不,绝不是。《神父的弥撒》这幅画,如此怪异的,隐隐绰绰双膝跪地的教皇,只是对贝宁挂满飘带的华盖,顺便简单打了声招呼……也许还涉及到贵族,被长期谴责的阶层吧:啊不,他甚至不是"异教徒",也不再为弱小的阶层服务。他完全是积极主动的。这种状况不能再继续下去,对这样的空缺,您想怎么做。社会联系,像人们所说,处在分解成光芒的点上……必须行动,呼救,我,我不知道什么上帝,人民,基础契约,复仇女神三姐妹和复仇女神,索多姆和戈摩尔,那都是抽象概念,必须戛然迅速终止毫无价值的荒淫,不具未来的草图……贺拉斯和古里亚斯们的誓言,在期待帝王的神圣中,是这样破译的:**从未有过这等事**

情！这是反魔法的魔法。绝对没有永动的无偿身体！死亡有权！心理也同样,对于那些被一个世界影响的人来说,心理只是深入思考时间的另一个名词！死亡受到了严重触犯！诸神渴了！当然,绝无异议,我们处在热力学范畴。弗拉戈纳尔即不可能又很现实,不可能是**因为**现实,犹如从他的油画中散发出来的令人眩晕的假说。恐慌就上路吧！从那里走向新的尸骸堆！回到思想上来吧！确定下来！是白方！是黑方！没有统一方向的运动可能让我们迷失头脑:不如就让脑袋落地吧。我们应该有一条法则。人类是一种宗教崇拜,人类的罪人本身作为证据,不大会太保留令人憎恶的记忆。用真实的罪行反对人类,可能就是本质上的弗拉戈纳尔。是对他的惩罚吧?我说过:**不做解释**。啊是的,这很美,很迷人,您喜欢吧?在色调上,有多少无用的东西,多少泡沫呀！但是我们记得,一个世纪以后,兰波的《彩图集》,通过《洪水过后》打开了这样的场景:"洪水的意念立即趋于平静……在水盈盈的大玻璃房里,悲伤的孩子正凝视着美妙的图景。夫人把一架钢琴架在阿尔卑斯山上……然后,在发芽的紫色参天树林中,圣灵告诉我,这就是春天。"

弗拉戈纳尔的被偷窃的画,不是和人们所说的"被偷窃的信"一样吗?请看《情书》(1770年①)这幅画吧。很长时间以来,它都在期待人们把那封信视为是被这只美丽的黄绿色昆虫(指画作里那位黄绿色着装的妇人)带来的……18世纪邮船宽敞的船舱抵达我们这里,舷窗犹如放大镜。壁饰,窗帘,完整的长裙,桌子都沉浸在烈酒和咖啡的氛围里。新鲜的纸张放在带有吸墨纸的垫板上,就像凳子上隐蔽的臀部。一条被带出来体验游水的狗。**再靠近一点看,注意:**这正是整体的表述。看什么?假设信封违背逻辑地写着一位先生的名字呢?已经把我们搞糊涂了,我们想的是一张到手的而不是要寄出的情书。除非是被截来的?从一个女奸细那里?谁知道?那位美丽的女奸细,用隐蔽又热辣的眼神,应该不止一遍地在口袋里摸索过。不对,她刚刚写了几个字,把写好的信息藏在了圆锥形骰子纸袋形状的一束鲜花里,她要把这束花捧在胸前带走,直到把这封小小的信件放到邮局的时候。就是说,放到等这封信的那个人的口袋里。噢,那只耳朵!奥林匹

---

① 由此开始的作画年代均为译注。

亚的丝带!(马奈的奥林匹亚,是的,从洪水过后就一直看着你!)那个时代的男人难道就以这种方式写信,以收到一捧满满的花束为回信吗?可怜的艾玛!可怜的被日夜监视的阿尔贝蒂娜!有这么一个女人(我很希望这个人是布谢的女儿,她叫玛丽-艾米丽;我也想让她给情人或者丈夫写信)——有这么一个女人,至少可以这么说,享受着来去自由。她可能会在街角碰到卡萨诺瓦,这不会让我们感到惊异。然而,不,她并不"在那里",而此时是在这里,在纽约(油画保存在纽约大都会博物馆)。信纸,鲜花,情书,嘴巴……她可能在花朵里窃窃私语(是大蔷薇花吧?)……浓缩在书写里的大蝴蝶,与面对你的视线一样精准……接下来很难不产生幻觉(那里的舷窗就是诱因):她拿着单柄眼镜阅读,一张纸放在面前,却没有写下一个字。你到了,呀,她转过头,信被藏了起来,永远不会到你的手里。她完完全全就是那封情书,不是别的。只是你不在那里,你被排除在了她的视觉之外。很遗憾:如果你能无意中撞见那些字句的话,这幅画就属于你了。是不是有一股禁止你进入的魔力?就是那位女旅行者与那只占据坐凳的小狗的双重目光。它安卧在那里。她却被挤到了边缘,像是被遗忘在舌尖上的一个词汇。光线,信纸,鲜花,织物,忠诚自恋的小狗……简言之,只要那张脸转过来……事情已经不言而喻,尽在其中了。

一个幽灵于是出没于时间的知觉之间:法国的18世纪。再者,说到"法语"同义迭用,就定义而言,18世纪就是法国的①。那种犯罪的,沉闷的,折磨人的感觉不是无时无刻不在吗?请看塞林纳在《屠杀琐事》中表现的,跳芭蕾的愿望,初次笨拙的计划,"一个仙女的诞生"。"时间:路易十五时代。地点:任你所愿。背景是树丛中的空地,有岩石,远处有一条小河。"塞林纳希望自身的运动,希望有"波浪起伏",有舞娘……但是他不能说或者让她们说出来。她们是被征用的,不可接近的,这是去势,鸡奸,是性欲受挫的表现,于是随之而来的逻辑是:不,我们不能因为自己的过错丧失轻佻女郎,该负责任的只能是撒旦,犹太人。从来没有人更好地阐明反犹太教一直是象征性的性欲失败。它突出了对两百年前节奏中断的深

---

① 法语"français"在作名词时为"法语",作形容词时为"法国的、法语的"。——译注

沉怀念。当这个名字变形后突然出现在烟雾弥漫的地窖里时,那里穷困潦倒的革命者们情绪激昂,谈论着墙壁上的油画……竭尽辱骂之能事……"那个画架边上的画家"……是谁？弗拉古纳①……这个名字在20世纪充斥妄想和潜在犯罪文本的精致背景中出现有多么古怪……弗拉古纳……弗拉戈,实际上,从未画过所说的舞娘:舞蹈不是孤立的或者被抬高价值了的,因为它处处都在。应该让深埋的失语症,未得到满足的欲望产生后果,好让完整的舞蹈的身体的思想变成救世的思想,去反对种族疾病。弗拉戈纳尔吗？他代表了反顺从主义的最佳防御治疗。在他那里,什么都无所谓,每个细节都很随意。你想避开法西斯主义吗？避开野蛮吗？避开庸俗之作吗？避开现代艺术的凌乱不堪吗？避开专制的媒体吗？就照被发现拥有十亿家产的人或者懊悔的人去做吧,收好你价值连城百般庇护的宝贝:弗拉戈纳尔之作。

我们有时会有这样的印象,19世纪和20世纪的所

---

① 此处的"画架"和画家的名字"弗拉戈纳尔"都走了样,画家的名字被读成了"弗拉古纳"。——译注

有故事只是多少清晰地展现了那个被驱逐的贵族拥有的自然天堂。再看看巴尔扎克,普鲁斯特吧。当普鲁斯特想宣布《追忆似水年华》的画家埃尔斯提尔的到来时,他在故事中召唤的是什么人呢? 叙述者借口躲避哮喘的危难,在车厢酒吧里喝了白兰地,祖母向他投去谴责的目光(在塞林纳那里,是妒忌的夫人们首先向年轻的舞娘提出抗议):塞维涅夫人走了进来。普鲁斯特说,侯爵夫人犹如现代艺术家,"在我们的感知范围内表现事物,而不是先从起因解释它们"。这就是月光下的塞维涅:"我不能抵御诱惑,我放下了所有不必要的头饰和防护帽,我走上空气和我的房间里一样清新的林荫道。我发现了千奇百怪的景象,衣着黑白颜色的僧侣,穿灰色和白色长袍的修女,到处乱丢的衣物,直挺挺地靠在树上隐没起来的男人……"呀,又是和衣物相关的事……普鲁斯特把这个段落称为"塞维涅夫人信件里的陀思妥耶夫斯基表现手法",照他的看法,陀思妥耶夫斯基像塞维涅夫人梳理景物那样,梳理了人物性格。为什么那时候,没有白兰地,不敢提弗拉戈纳尔表现了乔伊斯的风格? 是不是看到《情书》会联想到诺拉,那个被赞美的爱尔兰女人呢? 可能吧。弗拉格纳尔除了痛苦、丑陋和死亡,就是说,从我们愧于忘记了兰布莱和圣-克鲁的节日,忘记了虚构的人物和人物在景物中的原子维度,忘记了毫无目的的伟大游戏,忘记了爱情的数字,加冕的情人,故意逃脱等等替代,我们的妖孽之外就毫无禁忌了。

于是舞娘在那里出现了,她没有被人据为己有,也没有缄默不语,人们靠近她,和她在学习,在对话或者歌声中亲密相处。"本能的精制"与塞林纳的说法相悖,并不是一条"被赌咒的路"。或者说这样的诅咒可能被提升。作为挂毯和蕾丝商之子,只需在舞娘家里捕获她,活生生让画纸劫持就可以了。这就是吉玛尔小姐的样子:半公半母鸡的外形,白色的毛毛花边和缠绕在脖颈上的奥林匹亚束带,头顶一簇花朵点缀的帽子,调皮的神态心不在焉,面部前倾,随和,鼻头略微泛红。唯一的一只耳朵优雅地警觉着,要描述这只耳朵还真找不着什么词,算了,不管怎样那些词语会随着手触摸轮廓被呼唤出来的。支撑她的手像是爪子,双腿变成了手臂,*舞娘的手臂*。红绿色交叉,纤细而紧束的腰身,像是一根彩色的管子,这是该打出去的一张牌。在这里可以与其媲美的,是一幅世界上最美的妇人画像之一,可能达到了极致:那就是《学习》(1769年)或《吟唱》。和书在一起有什么不能做的呢!弗拉戈的书吱吱嘎嘎噼噼啪啪,书页飞扬,很乐于让纤纤细手去翻动,书页随着颤动的嗓音、持久的齐唱在呼吸,这是鲁宾斯的一位从母性的关照中获释的,自由任性的法国后裔。她面带嬉笑、温柔、可亲,胸部形成紧弛的旋律,她兴致勃勃,凝视着那看不见的画笔。两个女人合成了一体:我们很容易想象:一会儿要脱掉衬衣赤身裸体的那一个和抖动的床铺。同时,她周身布满嬗变的符号(她提供给你的书页上的红色笔迹装满了一箩筐)。你们看到过比她更讨人喜欢的吗?比打开的书本更易读懂的吗?你希望的不正是这些吗?这个视觉的广度是用英寸度量出来的吗?是由脖颈确定下来的甜食吗?是这个完整的李子吗?这本书不是完全可以吃的吗?吉玛尔小姐在对己有利的时刻来者不拒。当然,她在跳舞呢,她踏着初始形象的足迹,她只属于她自己,那个芭蕾的身体……

现在我们就能够明白《兰布莱的节日》(1780年)里那些小小人物是从哪里来的了,为什么他们能在胜利的船只上用力并撕裂景色,让那风景在冷热交叉的电光中显现生机,从暗绿到闪亮的黄色,从水分饱满的潮湿到瀑布般倾泻而下的金色花雨……冰冷和灼热的流动……他们把握着空间的钥匙,他们以自己的方式成为立体形象。请看《音乐课》(1769年)吧,它阐明了表达的背景。我生活在另一个环境,我判断,这位小老师朝他那位专心致志的女学生俯下身体,她身板笔直,确实还不敢弹奏鸣曲,不敢弹库普兰或者斯卡拉蒂,没有音符,是吧,但是有蓝色和灰色的印迹,她演奏的是**画出来的**音乐,看吧:座椅,键盘,竖起来的木质顶盖,被打开的棺木盖子,开始吧。是的,是的,可以弹下去,他做出了决定,他明白自己做了什么。轻一点,嗯,但是,不要太弱啊。我们清楚看到了双手,事情出现了转折,你有权做主,在那只小猫眼里,你是迷失在时间里的观众,濒死的小猫头颅,活龙活现,走出了被诗琴掀翻的坟墓。每个人都在猜测线条状该保留的东西是什么,没有心理学在里面,保证。音乐课是用音乐构成画面的课程,是穿越画面和音乐的爱情技巧课。这已经写明,他在关注,她在识别,乐声在这个场景周围缭绕,曲子是他们共同弹奏出来的。同样的"立体"场景搬上了《入道的模特儿》(1769年)。椭圆状的画幅永远不会和进入框架的长方形画布相匹配。视觉的三重性不会中断,目光不会相遇,每个人跟随着自己的思路,自己的故事,就是这样,形成和谐的画面:但总体缺乏关联。有人提建议,有人做准备,第三位艺人会另做打算。当然是一个男人,两个女人了。那个上身你喜欢吗?嗯,那个拉皮条的或者说女助手,用不大令人放心的方式,揭示出那个迷人雕塑的双乳,让那个凸出部位呼之欲出(雕塑安放在画家的工作室,是传统主题)。也许,也许吧,但是我们希望知道更多她右腿的故事……这个活生生的白皙雕像,略呈红色,微笑着,斜视睬人,她用另类方式接受了未来的绘画——就是说,更为现代方式的——这可能是她的出售者不希望的。弗拉戈-摩西,挥舞着指挥棒,不止一次周旋于两滴水之间。他穿着粉红色,因为那象征着美好生活,如果你看不惯粉色,拉倒。请想像她们——模特儿和她的姐姐摆脱了交通烦扰,想着这次特别拜访的目的,从外面进来的样子……裙子撩起,支立在那里的画板,奖杯,画面的画面里的画面,从抽屉露出的手帕……绘画前要运用一点刀法……被触摸……再说,画布会空空荡荡,弗拉戈在用时间和你说清这些,就是在现实本身中绘画,耍的是花剑……你想要的是这些吗？乳房？诱惑人的？啊不，还有下面的，你想要什么，主题是……让我们……等一下……画架左支脚有三个洞(画架就是一张平放的床)……为什么那个画面比一系列色情照片更加无限令人振奋？因为那些女人愿意这么做，她们把自己维持的好奇心寄托在与他的相遇上……奉献和保留……一幅画总是掩藏着另一幅画……做广告的女主角已经隐藏在了设想的画幅中(她的裙裾和影子为这幅空白的画布增加了分量)，但是我们还可以走得更远一些……荒谬的是立即扑向那儿的模特儿……请保持距离……会有许多场景出现……这是有准备的科学，是的。画家和自己的模特儿有一个完整的故事要呵护。那是有力的长期关系。有的画家是为他们的模特儿和另外一些人服务。女性化的弗拉戈，在此阻拦自己的艺术进入仓促的请求。请给我梳梳头！……好，好的，可能一分钟……就一会儿……闭眼的和眉毛的动作……不是这样进入一般出卖肉体的常识的……换言之，进入这个荣耀的。

事实上，在想自己马上将成为画笔的芦苇的一头，在被暴露的表层下面，是等待被标记下来的深层骚动，是抽象的痉挛。

Le donne, icavalier, l'arme, gli amori

Le cortesie, l'audaci impresse, io conto…

[女人，骑士，武器，爱情

献殷勤，冒险事业，我清点着……]

任何伟大的诗篇可能都不同意阿里奥斯托的篇章。在这个问题上我已经提到过维瓦尔第，我认为在观赏那些富有溶解力的精湛技艺的绘画时，应该倾听疯狂的罗兰多。弗拉戈纳尔在此向我们展示了自己作为骑士的缩写签名，自己理想的名称。他为了在歌颂英雄的视野中，似乎无人疑惑视他为优雅人士的专家时，画出骑马散步的样子。绘画是高尚的战斗，是混战，是胜利，尽管是微不足道的改革运动，他已经进入并接近了堂吉诃德的风格。色情是军事伦理学，它存留的战斗由对传说的记忆构成。这就是不被人知晓的弗拉戈。行为是一首歌，它来自远方，却比时代走得更远，经过对往昔的生动召唤，一切都像这样在进行，他筹划了未来的绘画，我们在那里等待由我们把它们重新抛进人类历史混乱的游戏。阿里奥斯托,还有拉伯雷,阿雷廷或者薄伽丘,从逻辑上讲还有拉封登,我们应该重读他的《寓言故事》(比如说《多情的卖淫女》),加以说明《爱情与疯狂》的诗句:

> 爱情蕴含着无穷神秘,
> 它的箭,箭囊,火炬,童年……

精彩故事里的法语,还未曾如此柔韧、嘲讽、直接…

> 当词汇被找到时,
> 性欲利用优势处在可原谅的事情里:
> 不再是她,可还是她……

在拉封登那里,我们知道了弗拉戈纳尔的小狗怎么有可能变成了仙女("抖落出钱财和珍珠的小狗"):

> 它什么都懂,说话,跳舞,不停打转转;
> 夫人对她倍加宠爱……

当然还有,"思想是怎样来到姑娘们这里的"。经历爱情的冒险是在行动中勾勒草图,是绘画的时刻,像茶褐色的水彩画所言,是**前绘画**,龚古尔兄弟在提到弗拉戈纳尔的血红色时,辨认出了中国式的古怪招数:"似乎他的两手之间握着一支没有笔套的红铅笔:他俯笔涂抹,大面积涂盖;不停地让笔在大拇指和二拇指之间凭灵感和偶然旋转。他在画出的树枝间,让笔滚动、搓捻,在曲里拐弯的绿色当中,弄断了笔尖。没有削过的笔,对他来说更好。用除去尖头的笔,在轮廓分明的地方,他画出了肥厚宽大的部位;利用摩擦变锋利的笔尖,涂抹细腻的部位、线条、光线——这一切利用狂热的艺术,抓住了风景特色,让它变得丰满,多发,多叶,松脆有声,将大自然融于廊柱,云彩化入树端。"也许还有,但是只是通过同样震动的表面,就可能被认作是梵·高的描写手法了(主要是人物素描):"他的笔触一旦落下,便大刀阔斧粗粗描绘出脸颊的轮廓,就像已经画出上半身一样,表明了其位。用抹刀在调色板上的方式,让画笔拉成了彩色条状。在他的来回狂热移动的笔刷下,环状形腾升高悬,蛇形的折缝,绞扭的外衣,笔挺的上衣,膨胀鼓起的织物,形成夸张的巨大叠缝。蓝色,鲜红色,橙色在衣领和无边帽上流淌;背景在薄薄的褐色下围绕头部形成鳞状的框架;头部突显画布,冲出了狂暴的垃圾,摆脱了魔鬼附身和受神灵启示的人的龌龊泥泞。"

> Nel profondo
> cieco mondo
> si precipiti la sorte
> gia spietata a questo cor
> [在广阔浩大
> 失去理智的世界
> 命运闯入
> 对这颗心足够残酷……]

无论如何,这是 1727 年在威尼斯圣天使剧院吟唱的曲子,正值让-奥诺雷·弗拉戈纳尔诞生前五年。

上床的时候到了。弗拉戈的主要人物,我们都知道,就是他自己。为了在外面处于这个活跃点,为了抓住大自然和戏剧演员姿态的内在稳定的神经,有一张舒适的床就可以了。如果说在《奥德赛》里,整个故事的最后一个词,被人称作安身之后的旅程,唯有主人公了解的细节,而且只能让自己的女人识别的东西,是一张床所制造出来的秘密,并不是偶然的。尤利西斯手段多多,是林中仙女的专家,忽隐忽现的浪人,是靠场景支撑的艺人。绘画构成的层面,就是场景。用床单做成的幕布,三下,注意,布景就被揭开了,生机勃勃,我们处在了深夜的另一端。洗衣妇犹如乔伊斯的《芬尼根守灵夜》所表现的,知道一切的一切,在自己的宿舍里窃窃私语。让火与水结合,话语和身体的迅速放荡结合……衬衫烧起来了吗?为什么?因为用笔画下来的火需要这样。噼噼啪啪的声音呢?火星呢?灰烬呢?再也不可能被记录下来了。像人们说交媾的时候一样。再说她们是在相互之间窃窃私语,你不该待在那里。弗拉戈乔装爱神,帮助展示隐私。从未有人让我们更好地感知女性自恋,这种好色被它自身伪装了起来,想象的孩子犹如深层欲望的解扣。请看:正是在被误解的环境下,人种才一代代被复制。弗拉戈走进了原始闪光点,他知道自己在那里被召唤,被获准,母亲给她戴上了王冠,他永远是她最宠爱的对手。萨德曰:"小说家是属于大自然的人……如果他不能在母亲将他出生后成为她的情人,就绝不可能写作。"托起人类的丘比特,主宰了暧昧,舍弃,伸懒腰,打哈欠,叹息。她们,随心所欲,倒下,困倦是借口,玫瑰色、白色、灰色只表现了动态的、懒洋洋的、半睡半醒的旋律。拉开床单,打开衬衫,等于表明手和脚在同一个平面上敞开胸怀,推推揉揉,跑开,离开自身就是为了再返回自身。绘画被抚摸,颜色被恋爱。佯装睡去的女人完事了吗?还会开始吗?她会与《祝愿爱情》有所不同,已经进入了荡漾的梦幻,被推向另一个岩洞,另一个置于正抬着手臂指向其他方向,努力做出叉开姿势的大理石男人脚下的绿色摇篮吗?她冲过去,想去触摸他,也许更想跳到他的身体上,她用左臂推他昂起的头,这是一位一到开始动作就受阻的泳者,她坚持不下去了,她疯了。弗拉戈纳尔可没那么天真,相信女人的巨大热情会落在一个男人身上。不:女人本身就是弥漫的烟云,还是卷毛狗,是孩子,是神仙,是雕像,是至高无上的权利,这正是女人以这样的韧劲以对礼拜仪式的虔诚所向往的东西。这是在让男人对女人向这里开展攻势,他心里明白。在她不再喘气,结束了主要动作后,歌剧进行到了超乎游戏的静谧点。她把手放在石头上:把自己封闭了起来,因为相遇而昏厥。燃烧的心和大理石的心相抵触吗?且往下看。

《徒劳的反抗》(1770)的问世在弗拉戈的代数和几何学中,展示了他的这个思想,他的波动力学契约,第四度的省略,无限重复的表现,他的八字,他的鸡蛋。既然必须从总体上在有益和愉快之间进行选择,徒劳的反抗又指什么呢?那是愉快的反抗。我们因此在此称这里的反抗为肉体之关键,它可以用白色温暖画面,将其放入不断沸腾的状态。在抖动的窗帘,掀翻的床垫,像大鸭屁股一样膨胀的枕头,令人愉快的扭曲的、可能随时像弹簧一样松开的长枕之间,乍看几乎不可能分辨出手臂,盆骨,腿部都是谁的。这样的技巧有何意义?是侵犯?是战斗?不如说是他们的假象。是力量关系的纠葛吗?是的,但是可能并不是我们以为的那种关系。那个妇人靠近迷醉而不是恐慌脸部的左手,难道不是因为长发干扰,在躲闪或者吸引对方的头部吗(是个男人吗? 这是你说的)?他,如果是他,就只剩脸,手和脚了(他的两腿这样消失,你不得不在三秒钟里把他征服对象的手脚借给他)。她呢,被当下的情况折磨,并不是没有把那只轻盈的脚留在前景,那只擅跑,能支撑,擅蹦跳,能协调的脚。她抓住了一束头发,他则抓住了她的手腕。画作是在手腕扭转的力度下完成的,那男人的左手确实退缩到了反抗的点。一个膝盖和大腿让没有表现的臀部露了出来,被推倒极致的暗示成为整体的主肋,约会在在形形色色中拔得头筹,歇斯底里的扭曲在光荣的黄色和白色上被浏览、被释放。黄色和白色,是梵蒂冈的色彩。这里省略了从拉斐尔、丁多雷以来**诗节**里的一些东西……即与玛尔斯和维纳斯无关,也和神圣获胜的圣人无关,只涉及到 X 小姐,某先生,或者 Y 夫人。关系到你,我,他,她,他们,某一天从连绵的午睡中醒来,晚间,有行为的光亮,有内心强烈的光芒。两个人物通过**弗拉戈**强调了开场的舞蹈,自动成为众多的弗拉戈纳尔,就是这么回事。不管他们没敢这么想,或者他们认为不值得这么想,都是另一回事。不管怎样,《徒劳的反抗》最终抛出,直面挑战了普遍存在的假正经,绝对冒犯了清教徒的猥亵嘴脸;由于缺乏人的动物性,这个主题把刻板或者装腔作势的悲哀,变成了伪君子的道德或机体的强直性痉挛、镇压和兽性。那一对算得救了。**因此**,永远还会有被拯救的其他的双双对对。

弗拉戈不会有阿克提翁的命运。他甚至被接纳进入秘密浴场。她们,那些《浴女》如果我数得不错的话,共有8个人。4个在右边,4个在左边,5个暴露,3个多少有些遮掩。我想象塞扎纳面对这这幅画浮想联翩的形象,就像毕加索面对《徒劳的反抗》或《入道的模特儿》一样。画家与模特儿,画家与浴女……轻易进入林中空地不算什么进步,是吧……除非安排相遇……所谓"人类的林中空地",噢,哲学家们,到什么时候了你们还在考虑它是否该在贵妇的小沙龙之外?多少年过去了还在惊愕的思考,试图弄明白在某一时刻谁给希腊的激进主义思想家穿上了纳粹制服?女人,去寻找女人吧,只有她们……虚无主义的全部历史只有从那里出发才会明白,这很简单,绝对科学。这就是全世界都羡慕我们的**法国哲学**,女人和美酒,人间喜剧的荣耀和支持。请看那三只脚……幸运的淫荡女捏紧拳头的游戏……不知从何处伸展出来的树木,置于云彩中间,机体的主干就是那只抬起的手臂……两个洗衣女工在黑暗当中……两个臀部入场,公羊或女神的躯干,蔑视布歇学院派货摊的眼神……空中的白色肚皮……杂乱的优雅……只应该出现在共和国，出现在弗拉戈纳尔的共和国钱币正反面的，应该是他的名字……那个活生生的吉玛尔吗？是以"意大利风格"获取的吗？眼下，女人中的女人是当前最为困难的主题，大自然在那里必然形成了画面……现在请把你转动欣赏《浴女》的眼神停一停，突出的最后要素是什么？是那个位于中心的玫瑰色舞女云白色肚皮正中的**肚脐**，是狂转或开奖转盘的固定点，画幅围绕着这个点转动，孔洞支撑了调色板……犹如有一次一位轻佻的作家所云：肚脐是为他们存在的，而小阳伞（原文为 nombrelles，此处疑为 ombrelles）却是为她们准备的……

让我们回到公寓那令人失衡的状态：《偷吻》……可是我们已经部分接近尾声，接近**濒死**的弗拉戈了，这位意识清醒的玩家，运用了大师级的手法，却没有人敢说出口，我要说的，当然是《门栓》（1774—1778）。首先要明白，这是一幅难以休止的画面：在皱褶的寂静中发出轻微的咯咯声。她坐在大床上总是敞开的巨型大腿状的帐幕之间，像是一时脱离食肉花朵的一片花瓣，是被女妖指派而来的。掠走固有机体上的女人，可不是每天都发生的事。把她关起来！嘘嘘！事情是这样的:我们英勇的水手刚刚从他的航船或贡多拉上下来,将成功地关住一个女人。左边的那只苹果,为我们确定了悲剧的位置,起因本身则是颠倒的。这里的场面是血腥的,发自肺腑的,扭曲的,有幼虫和蝴蝶,事物背景的变形和纠结。同时,在光照的时刻,速度平稳,从红色渗出淡黄色……在那里,我们看到里面的插销解决了协调中的不和谐,地面高出,形成无关联中的关联。脚尖踮起,两只手臂伸向了不同的世界,这是劫持,手指在推搡……这幅油画应该被称作《真正的去处在哪里》。何况,从现在起,那就是它的名字了。灾难与安全并存。骚动不安,但毫无关系。树林里的金发萨比娜抵达了目的地,有人接生了她,她却从另一个方向消失了,她被截获了,你听到树枝滑落的声音了吧。接下去的动静是什么？一道音乐的壁帐。过一会儿,房间将空无一人,血色的帷幔将遮盖小小的剧场,他们在那里给你表演了能向你展现的东西,被快速操纵的玩偶。好奇心不该走得太远。最后引用《彩图集》的一句话:那是"高高在上的买家难以抑制的满足感。"

一天,弗拉戈纳尔从三月广场奔跑回来,又热又渴(那是一个 8 月 22 日),他走进大王宫的一家咖啡店,要了一份冰激凌。随后突发脑溢血,夺走了他的性命。时年 74 岁。

在《帝国日报》上提到他离世的话不到一行:
生于 1732 年卒于 1806 年。
兰布莱盛会的画面如下:
"河面上停着不少船只,在森林边一块空地上,聚集着欢乐的人群。"
还有在上演《奥兰多》的场景上:
"在一座精致美丽的花园里,展现出两条清泉,一条已经干涸,另一条孕育出爱情。远处的大海波涛汹涌。"

  Vincera l'amor piu forte

  Con l'aiuta del valor……

  [最强大的爱情将获胜

  要有利益相助……]

我和我的大脑

我的大脑不时指责我迟迟不听它的指令,低估它的能力、它的奥义、它的记忆力,让我使它陷入混沌、迟钝、不听从。但我的大脑,还是挺有耐心的。它习惯于操控沉重的躯体。它愿意假装不如心或者性那么重要(什么念头)。它的巧妙之处在于不让人发现这一切都归功于自己。它强调它比我了解我自己的时间更长,避免让我难堪。它让我文思泉涌、妙语连珠,一力承担我的错误与健忘。多么好的人啊!多么完美的搭档啊!"你知道你对我的使用还只停留在浅显的方面吗?"它有时会这样对我说,发出好像经历了几百万年似的轻叹。我入睡的时候它还醒着。我闭嘴的时候它还在述说。我的大脑有一本最喜欢的书：百科全书。有时候，为了让它放松，我会让它读一部小说，或一首小诗。它很喜欢。当我们出门的时候，我会为遇到蠢事向它表示歉意。"我知道，我知道，"它回应道，"把我放一边就好了。"我有点羞愧，但这就是生活。或许有一天我会写一本关于它的书。

当今的萨德

今日,就在整个巴黎,当人们还在表面上继续不加思索地颂扬人权之时,刚刚在虞丝缇娜身上发生了什么样的不幸遭遇?请看下文:

一到约会地点,她就发现他们想对她做什么。那些祖鲁人赤裸着排成一列逼她口交,周围充斥着被邀聚会的伙伴们的笑声。还有一次,三个白种女人被一些黑人暴徒绑架到拉德芳斯。她们被关在一个地下室七十二个小时,没有水和食物,任凭五十几个放纵的男人摆布。三天内他们轮番上阵。其中一个女孩目前正在一家精神病医院接受治疗。①

或者还有：

突然，那个祖鲁人打开了房门，把我推到一个阴暗破旧的小屋。地上铺了一个床垫。"你男人抢了我女人。既然他躲起来了，就拿你来偿还。"我哭着、喊着、哀求着。那个黑人暴徒什么都不听。"这并不复杂：或者你顺从我，或者我叫等在上面的那些伙伴来。是我还是我们所有人。你来决定。"想到要承受一伙人的暴行，我害怕极了，只好顺从他。现在，我一想到那一幕，还会浑身发抖②。

多么漂亮的省略方式！电影式的伪暴力！色情工业机械式的庸俗！我们猜测，这一切都还能从**细节上无限深究**。因此，是时候再次要求，尽最大可能禁止萨德侯爵

---

① 巴黎竞赛报，1990年11月29日。
② 同上。

的作品了(就像《桀骜不驯的布列塔尼女人和贝拉》中的警察们在他们那个时期做得那样)。我们回忆起伊丽莎白·巴丹戴尔姆在电视上面对少数说话磕磕巴巴又不负责任的知识分子和一个刚以萨德名义创立香槟品牌的萨德后人时的勇敢表现。她用非常响亮的声音大胆朗读了《索多玛的120天》中的第111条罪恶爱好,尽管其中凶残的语句让她略显激动:"他抓出他的睾丸,逼他在不知情的情况下吃下去,然后用汞、水银和硫磺球替代他的睾丸,让他承受剧烈的痛苦而死。在此期间,他还鸡奸他,并用硫磺灯芯到处灼烧他的身体,抓挠并焚烧他的伤口,以增加他的痛楚。"

面对这样的暴行如何能忍住尖叫?但事实是,这些暴行最近都被一个严谨的编辑在一套享有盛名的丛书中合法化了[1]。这是关于我们社会危机的一个被长期讨论的事件。难道在这个不幸的国家里不再存在任何权威?巴黎的大主教府,如此迅速地被斯科塞斯[2]索然无味的

---

[1] 萨德:《作品集》,伽利玛出版社,七星文库,1990。
[2] 马丁·斯科塞斯(Martin Scorsese),美国电影导演、编剧。——译注

电影所感动,能假装不知道如今法国有人在字里行间,重印诸如此类的语句"他打碎了十字架、圣母和永恒的圣父像,在碎片上排便,并焚烧一切。这个男人疯狂地将妓女带进布道场,还在天主讲话的时候手淫"吗?在《后卡庞特拉事件①》给我们带来的强烈愤怒中,我们能忍受人们让我们读到(我碰巧引用的):"从肛门把他钉在一个很窄的木桩上,就这么让他死去"这样的句子吗?如果这样的出版状况引发了一般宽松的接受度(并伴随着报纸上广告,请看:"纸质圣经的地狱"!)这只能说明一件事:**所有的罪恶从此被认可,以致没有人再会去读去写**。最终,我们可能会走到那一步。而那是怎样的一种颠覆!那些公众力量已经给明显导向萨德的违背大革命内在精神的虚伪册子让路②。法国人,你们觉得,当麦当娜的一段很单纯的短片在美国被禁的时候,你们不应该为你们的无动于衷而脸红吗?你们认为,这些凶残色情的疯狂酷刑的

---

① 1990年5月14日巴黎20万群众游行,反对一小撮人的反犹太人罪行。这些人在法国南部卡庞特拉市的犹太人墓地进行破坏,拉出一位新埋葬的老人尸体加以侮辱。——译注

② 《现实的萨德》续集,《萨德对抗至高无上的存在》,伽利玛出版社,1996。

阿拉伯译本在巴格达、德黑兰或阿尔及利亚面世时不会引起骚乱吗?而其希伯来译本会出现并加以宣传吗?更不用说中文译本的发行了吧?全世界的妇女、真正的女权主义者,你们最终不会在这样的画面面前行动起来吗?"他想要一个胖女人,他让她向后弯曲,背部支撑在一个圆桶上。她的头,伸在圆桶外面,向后固定在一把椅子上,头发散开,她的腿被打开至最大角度,她肥胖的肚子被拉得非常紧,下身被尽力敞开。而他在那里,在肚子上击打,当他看到血时,他走到圆桶的另一边,往她的脸上射精。"

还需要继续吗?我们面对的这些不是明显超出了纳粹的罪行吗?然而,编辑们则斩钉截铁地确定:"不抹杀也不夸大,萨德在'七星文库'占有一席之地。"事实上,这是个多么漂亮的位置啊,就在《圣经》旁边!只需要引用:"十五个女孩,三个一组经过:一个鞭打,一个吮吸,还有一个大便;然后便后的那个鞭打,吮吸过的那个大便,鞭打过的那个吮吸。他让十五个女孩轮番经历。他什么都没看见,什么都没听见,沉醉于其中。"或者"他在六个女孩之中,一个戳他,另一个掐他,第三个烫他,第四个咬他,第五个抓他,第六个鞭打他:所有感觉模糊不清,无处不在,而他在这期间射精。"我在此义正严辞,因为萨德毫不掩饰地把自己塑造成了一个魔鬼附身的人:"那个恶棍一下地窖,就在那里漫步。他花一刻钟检查了每一种酷刑,像恶魔一样谩骂凌辱受难者。到最后他筋疲力尽,而他被困已久的精液也做好发泄的准备时,他坐进一张扶手椅,从那里他可以观察到所有的酷刑。两个魔鬼靠近他,露出臀部摇动,他的精液流出并发出嚎叫,这叫声完全盖过了那十五个受难者的声音。做完这些,他就出去了。有人给那些还没咽气的人仁慈的最后一击,埋葬了她们的尸体,然后一切都结束了①。"

我们很震惊,像玛格丽特·尤斯奈尔(她的作品也出版在同一套文集里)那样的严谨且受到广泛尊敬的作家也没能揭露萨德所表现的巨大危机。事实上,她在1967年写信给一个朋友时说道:"我跟你说实话,我不喜欢萨德,我希望他脱离现实主义……这个只关心性欲的男人毫无人性。在这个血淋淋的作者身上闻不到任何人的血

---

① 《索多玛的120天》。

性和气息。"确实:这是最糟糕的。

二者必居其一:或者这本书存在,例如,允许在电视上(八点档的新闻中)或者在(白天的)广播中阅读其中的完整段落,在报纸(头版)或杂志上(附上"逼真"的插图)转载其中的几页;或者这本书不存在。

如果它存在,那么为何如此宽容? 这是纯洁的,令人眩晕的诗歌,是超现实主义的预兆,是不断重复的宗教幻象? 是医生们或大学教师们的参考资料,对令人质疑的习俗,通过和缓的解释使其隐晦,以便更好地腐蚀环境(想想成千上万的中学生面对这些胡言乱语)? 甚至能否推断出,从此以后语言不再有任何意义?

如果它不存在,我为什么刚刚翻阅它? 我目前是否会成为,至此及彼,唯一不幻想的人?

疯狂的圣西门

圣西门是一股激情:我们一旦有染,它就会不断壮大。到处都能听到有人窃窃私语,说"七星文库"编辑的版本过多附加了评论和注释。这是对懒惰,失语,无知,慌乱什么样的招供啊!确实,大海一样浩瀚的圣西门,可以使多年的浏览与研究得以满足,无数的对角线与他一起扑面而来,伴有大量的事实、行为、话语与表象。必须投身于这片海洋并畅游其中。逆流而上,潜入其中,并尽力呼吸。这就是《回忆录》①第八卷,最后一卷,与其他部

---

① 见圣西门《回忆录》,伽利玛出版社"七星文库",伊万·古瓦罗编辑,1988。

分一样引人入胜,紧跟其后的(是的,还有)是含有多种作品和书信集的全新的一卷本。随着时间的推移,公爵步步紧逼,仿佛汲取了自身的一切。你好,幽灵!嗨,闪电!难道历史进入了圣灵的普世光芒?这是他的计划,他一直坚持到了最后,道道闪光,连环迸发。啊!《回忆录》的索引目录!723页的定位名称,潺潺流水般的人物及他们的种种际遇。透过贵族血统,逝去的时光被大大唤醒。普鲁斯特回到了圣西门的作品,令人眩晕。人们毫不吃惊地发现了夏吕斯和莫尔特马尔的名字,却惊愕于没有找到盖尔芒特的名字。还有,还有。就像在圣经里那样,一切都要获取,细小琐事都要揭示。1989年最终会是完整充实的揭示,在纪念路易·德·布伏瓦的面具下,拿起手中的笔,发出劈劈啪啪,摩擦的声音。升起来吧,万众期待的太阳!完美的计谋!正直的雷电!紧绷的神经!语言的火焰!所有为圣西门的书!挖得够深,老鼹鼠!

电影里的一幕?1721年在波尔多,公爵正在一艘双桅帆船上。当然,你们已经忘了,双桅帆船是一种有两根桅杆,只有一个甲板的船。你们不断面对一些简单的词语,深陷其中,又豁然开朗:"港口和城市的景观让我震惊,三百多艘各个国家的轮船排列在我的过道两边,装饰一新,伴随着他们的大炮和城堡号角发出的鸣响。人们太了解波尔多了,我不必停下来描述这一幕了;我只说除君士坦丁堡港口之外,这里的情景是类似的,最为赏心悦目的。"

司汤达,他倾向与威尼斯进行比较。不要紧,掌控风景与环境的是语句。你可以在西班牙与公爵一起停留,但是我理解你,你急着返回凡尔赛,连夜经过皇后庭院,直接经历摄政王和杜布瓦主教的私通,路易十五加冕礼上的变故;你们好奇地想知道圣西门"看到和触摸过的"东西。朦胧的诗人们,消失吧!形形色色的卢梭主义者,你们伤感地确信自己对从痛苦到虚荣的明确见解的精神优越感,走你们的路吧!让我们以对事情的真实颤栗,对虚无的描述单独相处。我们的小说家在那里(他是最伟大的,和萨德、夏多布里昂、普鲁斯特和塞林纳并列)。回忆录就是唯一的一部小说。它越是厚重、尖锐、直接、复杂,也越让其他作品显得无用、片面与狭隘。圣西门是一本钢铁的启示录,一部可怕的机器。他注定带来大片洪水。一切都会走向没落、杂乱、混沌吗?已经这样了吗?

维持很久了吗？人们的揭露会引发一场"整体大骚乱"吗？直至达到顶峰：他最终会为自己的风格道歉。这就是他！"我绝不属学院派人物；我脱不开飞速的写作。"多么狂妄！多么桀骜！有人对我说："大家都明白，阅读他的时候，出现的就是断头台。"是的：太多的真相，带来了太多内容，太多的潮流，请打断我，让我平静下来。他会**淹没**我们，这个畜生！他的策略是什么？是漩涡、瀑布，还有："让最单纯的真相浮出水面。"但是谁想在这些情况下"浮出来"呢？

圣西门，或者说激进又合理的写作方式，没有人曾经或将来能像他一样确定自己的身份。这完全是个秘密。可能还需要一个世纪才能理解他。说到底，像伏尔泰一样（他们很接近，而且我知道我说到他父亲公证人的儿子的话时，可能会令公爵的回忆不快），他肯定经历了一些独一无二的事情，一段超越时间的时间。希腊人、撕毁《圣经》、文艺复兴、路易十四时期、启蒙运动——还有什么？艰难的时期。据说大部分人都认为自己了解马基亚维里，却不知道公爵在考证不断出现的隐匿事实和假象上要谨慎十倍。请看洛汗人。他们惯于说谎以致人们

"有理由怀疑他们在饭桌上要水喝的时候是否真的渴了"。母女之间的关系(喜剧的要素之一)呢?"她长大后讨人喜欢,她愈讨人喜欢,愈惹得妈妈生气。"你们的手滑过圣西门的行李箱,从中掏出大量的宝石。无数闪光的观察点,无法磨平的方方面面。"那些人,很不幸还有很多其他人,认为一切皆有益,一无所有是体面。"这就是如今你们已经注意到的?还有"让一切都变衰的爱好"?永远是同一部《奥德赛》?"他将独眼巨人的恩惠施于我:期待能赋予他机遇,留着最后一个吃掉我。"我被当作人形木偶:"然而我试探着;我表演;我无益地证明着自己:我只是自找麻烦,着手于初步探索,然而我主意已定。"

公爵总是有道理的,他坦白一些幼稚的错误,但绝不是原则上的。他"久经沙场",而不是纸上谈兵。他出生时就经受考验了吗?我们看看吧。他以话语的唯一威力经受考验。在人们的印象中他好像从不睡觉,也不做梦;他能一下子看穿头颅、抽屉、走廊;他能借助过去预知未来;他好像拥有跨越死亡的永恒通行证。他眼见其他人生活摇摆不定,捕风捉影,不断饱餐分解直至一命呜乎。请在《回忆录》中,直面死者的叙述:这些故事令人难忘。

有生之年的地位被伪造了吗?有人篡改仪式、法律及等级制度吗?那好吧,会有一个最后喘息的严谨秘书处负责:诊所、证件、尸检。需要想象一下公爵在1749年前夕,最后大搜索的情形。他放下笔,他清理了账目,他埋葬了所有人,他吹熄了蜡烛,他同意躺在床上。过后,是夜色。面对他紧闭的双目,永远是一捆捆的书。看到纸页上的蝇头小字不可能不惊讶(如果不是在这个几百年的代理人家里,普鲁斯特和塞林纳怎么可能会从卷纬和衣服叠皱再一次获得英雄的信念?)死者分优劣,事情就是这样(《追忆似水年华》的最后几个场景,《另一个城堡》的开头)。欧邦通的父亲,为人虚伪:"他被隆重下葬,不留一丝遗憾。"请把吸血鬼的舞会,摄入镜头,冲击它们。会有一名舞者攻击你吗?"我把事物当作一只恶猫血淋淋的爪痕。"你被完全忽略了吗?"尽管谎言花哨持久,中伤残酷,真相终会破茧而出。"请注意"**持久**"这个词。必须找到它。圣西门没有寻找,他是发现的。是最终定论的例子吗?"他的脑袋无法同时容纳几件事情。"

圣西门,是唯一的吗?那个时代有天才吗?法语,在没有陷入混沌和平庸之前,可曾有一次自我表述地如此完美？这个可能性十分严肃。谁不记得这样的抨击:"卡斯特里斯夫人只有四分之一是女人,一种残缺的饼干。"请看看普利侯爵夫人,那匹"昂贵的母马",公爵先生情妇的例子吧。马提约·马莱斯的日记里写道:"这是一个看起来可爱的女人,有才智,善阴谋,吝啬且放荡。"杜克洛的《秘密回忆录》里写着:"在她天真的面具后面,隐藏着最危险的假相:没有丝毫的道德观念,这对她而言只是空话,她的恶行是单纯的,柔嫩的手下充满暴力,生性放荡不堪。"不错,不是吗?(这是在卷末必要的注释)。诱人的场景:那些人物都是人们所能探讨论及的。怎么能不花三十秒想一想这"柔嫩的手下充满暴力",这"单纯的恶行"? 这些表述都来自它们本身,风格奉献了身体。无论人们有否身体上的纠缠,殷勤献媚,后者对那些短暂的纠缠不一定产生影响。圣西门只关心前者:"瞬间变得无节制的激情,一直持续下去,然而并不妨碍一时的喜好和横生的兴趣。"

圣西门爱过什么人吗? 他的妻子,他的地位,还有菲利普·德·奥尔良,爱的方式令人钦佩的隐晦。至于摄政王,在那些评论之下隐藏了多少温柔("微不足道酿成大祸"),多么难以抑制的情感,那么努力地坚信。在那些丑陋的夜晚,面对如此大逆不道的放纵,平时如此品行端正的公爵发出了反常的赞叹。他害怕讲述自己中风;在宣告老伙伴在极度的震动中失败时,他描写了自己("我乘车后十分激动,扑了进去");紧接着他说到"卓越的天资","精细的辨别力","只要愿意,他可以在各个领域机智自如当即应对一切"。他似乎屈从于双重放荡,无神论——从他身上辨认出一种同样自然的不可捉摸。就这样,他瞬间宽恕了一切——上帝明察秋毫。

颂扬麦特伊侯爵夫人

当拉克洛斯看到他的《危险关系》被翻拍成英文电影,并从美丽聪明、蓝眸且略显迟钝的格伦·克洛斯所扮演的麦特伊侯爵夫人口中辨认出她对瓦尔蒙吐出的"战争"这个词(发音为 ouarr)时,他可能不会特别吃惊。我们记得:这是第 153 封信。侯爵夫人用这样的注释向子爵发出了最后通牒:"那好吧!开战吧。"整本书的笔墨都是为了最终引出的这句愉快的,充满道义的,又难以解释的"那好吧"。波德莱尔在 1856 年(嗯,正是弗洛伊德出生那年)写道:"这是一本本质上是法国人的书"。他还说:"这些自由放荡的书籍评论且解释了大革命。"法国大革命两百周年纪念凝聚并复活在拉克洛斯的大屏幕上,而且外国人诠释得比我们更好,真是非同凡响。

对于《危险关系》,我们思考了很多,但是大部分时间都带着一丝为难。马尔罗在1939年的时候似乎想说,由于第二次世界大战逼近,一个世界结束了,就像18世纪末那样。他强调了书籍在写作技巧上的巨大创新。事实上,这是第一次,很多虚构的人物按着自己的想法行动,由他们"色情化的意愿"决定了他们的存在。他语出惊人:"拉克洛斯的问题是普遍存在的,可能与兰波的问题一样施展了伎俩。"充满想象力的诗人变成了一个认真尽职并为了婚姻操心经营的商人(兰波),天才的文学战略家基本转而与卢梭主义联盟(拉克洛斯),这确实足以满足那些坚持不懈的好奇心了。我坚持颂扬这该死的秘密,如果它能为人理解,它可能会让我们宽恕很多恶魔般的放纵:麦特伊侯爵夫人。我承认,我对她十分迷恋。马尔罗说"这是文学作品中最任性的女性人物",并且第一个注意到她与洛约拉有近乎神秘的相似之处。是的,《危险关系》从这个词的各种含义上说,都是精神层面上的活动。波德莱尔还说:"愚昧取代了才智……充满肮脏和哀诉。乔治桑都不及萨德。"侯爵夫人呢？以下是她的风格："如果你眼下得不到这个女人，其他女人就会因为曾经拥有你而羞愧。"拉克洛斯是弹道学专家；他在那个时代发明了**空心圆炮弹**。他的每一句话都是一条弧线，有明确的下降点：句子颤抖着，然后细腻地、穿透地爆发。这种文学的设计就是为了最大可能地形成破坏力。谁说我们不需要它？

《危险关系》引发不适了吗？其表现在于想要**避开**麦特伊夫人，回归到德杜维尔夫人那里。人们尽量让这本书符合接下来的浪漫主义时期。人们尽可能抹去其中滑稽模仿且亵渎宗教的成分，因为相较于拉辛式的感情和《新爱洛伊丝》的情感流露，这些成分的表达过于冷酷。对这些的解读**必须**尽快到达精神的各种状态，直至艾玛·包法利的被压迫状态，她的极度痛苦以及不适状态。"麦特伊侯爵夫人就是我。"拉克洛斯也许会这样说。但是此时此地，由于我们的科学破坏力取得战绩，我们不是都更像是在19世纪吗？尽管普鲁斯特、圣佩韦盛行，但是更喜欢埃皮内夫人《回忆录》的人以玷污爱情的人的"恶魔般的自豪感"把拉克洛斯归入了"可憎可恶"的一类。麦特伊,就是可恶的独眼,可怕的坏母亲,是无人可容忍的美杜莎(尽管故事结尾,她可怕的外貌和独眼成为不可能直视她的象征)。我们轻信了这本充满丑闻又精彩夺目书籍的"道德伦理"上的结论,而不是去理解它在哪些方面生存的理由只是为了挫败审查。从这点上来看,拉克洛斯写给李柯波尼夫人的信充满了技巧与讽刺。事实上,这部小说是为了展示所有其他人的无用以及让人厌烦到了何种地步。道理很简单:他们无法在**说**与**做**之间找到平衡。《危险关系》集多部小说为一体;人们可以从中拍出的不只是三四部电影,而是上百部。单是其中的诡计,比如普雷万的故事,就具备了足够的素材。电视连续剧的名称可为:揭示歇斯底里。人们会看到拉克洛斯如何细致地刻画长官夫人的那些特质(号称"绝世的假正经"),她交替做出感人举动,痉挛和沮丧的做派令人发笑。每隔一定的时间,就应该把一组**书桌**的镜头(或者说如何写一封**直击要害**的信)搬上荧屏。简言之,必须处处停留,转换不同形式的**开心**(侯爵夫人:"我已经有六个多星期没让自己开心了"),不同的**怪事**(瓦尔蒙:"让我开心的只有稀奇古怪的事情")。整部电影以**小房子**为主题也能充满魅力。另一部电影也许能为我们解释"荒淫的教理"或者"恶语中伤的新闻传播"。还有一部电影向我们展示侯爵夫人在乡下想要摆脱贝尔洛施时,对他十分厌恶却倍加关怀的艺术。最后还有一部电影给我们系统地刻画出一些"种类"的形象,作为"供人消遣工具"的年轻女孩,"送货人","管事","爱情的操作工"。持续性的重新活跃和对虚构的计算最终在情节中被处理和夸大。一百七十五封信,从 8 月 3 日到 1 月 14 日,从酷暑到严冬的某月 17 日:数字 17 从未有过如此神奇的力量。拉克洛斯能否像他的朋友蒙热(另一位描述几何学专家)一样进入先贤祠呢?希望能在纪念他三百周年诞辰的时候实现吧。

性、心、思:是一种不和谐的三位一体,侯爵夫人是唯一一个将这个纠结坚持到最后的人。其他人在情感中束手缚脚,即便是瓦尔蒙也因此而亡。变得软弱不堪后,为了坚强起来,他放弃了取乐而克制自己:因此死去。而侯爵夫人,她没有死,她沉溺其中,不时在退缩时发起响亮的挑战:"我是我的杰作。"长期以来她都在夜晚攫夺*治疗的秘密*:"爱,就像医学一样,是强身健体的手段。"从这部真实的巨著中,人们看到谎言通过自身在自身加以试验,让我们认识到只有在取乐时,才会盲目背弃自我。一个敢说自己就是属于自己后宫的独一无二的女人,甚至把她在试验室里得出的珍贵化学配方留给了我们:"享乐在荒淫无度中变得极端纯净。"拉克洛斯之后也说,他打算给《危险关系》写一个"幸福的"后续。但是他应该明白,要做到这一点,他需要先毫无争议地采用麦特伊的妙方。然而,如此迅速地招认,他无法对任何人这么做:对奥尔良公爵,雅各宾党人,正要成为皇帝的首席执政官,当然对他的妻子也不可能。希望之门又被关闭。但是,她是强大的,1790年他便在伦敦,说出了这段不寻常的隐情:"当时我在雷岛的驻地……我决定写一部不循规道矩的作品,令人瞩目,它会在我死后仍旧留芳于世。"我们是不是一直生存于这同一个世界?也许吧,除非我们不再打开这部永远与另一部圣经格格不入的"圣经",很简单,要实践就去阅读它吧。

思想的欧洲

为什么法国人经常对欧洲漠不关心,或者还饱受她的创伤？因为当欧洲实质上就是法国,无论右派还是左派都统一于一种交融生活与思想同等自由的语言时,人们几乎从来对他们闭口不谈法国自己的历史。那么什么时候人们在谈论18世纪的时候才能不再心存疑虑？为什么最好是英国人才能做到这一点？我们需要多少时间才能为启蒙运动和斯大林主义为它设置的悲惨命运反思对法西斯主义的仇恨？您说的是欧洲吗？是的,那么哪方面的欧洲呢？牛奶,绵羊,普通的种族主义,不同种族间的战争,电子技术,卫星的欧洲吗？也许吧,可是靠谁维持下来的呢？如何考虑的？用了哪些词语？

以夏尔-约瑟夫·德·利涅(1735—1814)为例：谁认识他？谁读过他的作品？什么？他是一个比利时人？是一个王子？一个奥地利元帅？一个外交和军事战略上都同样有影响力的权臣？一个放荡的人，伏尔泰的一个哲学家朋友，凡尔赛、维也纳、莫斯科会谈的主导者？那些内幕中的关键性人物？卡萨诺瓦的密友？还是，一个伟大的法国作家？不，太多了，到此为止吧，学制没有在此发挥它的好处，大学得了偏头痛。跨界太多了，密码太多了，太多的舞会、节日、音乐会，太缺少先例，太多的马、制服、女人；**太多的相对性**。一天，有人问利涅，您希望成为哪一种人？回答是："三十岁之前当一个美丽的女人，六十岁之前当一个很幸运能干的将军，八十岁之前当一名红衣主教。"事实上这就是一个按以下这种方式成长的人不费吹灰之力所想象的："我好像曾爱上了我的奶妈，而我的女管家好像爱上了我，她的名字是杜考隆小姐，她总让我跟她一起睡觉，让我在她肥硕的身体上蹭来蹭去，让我光着身子跳舞。"

利涅(什么名字！)，尽情享受着他的贝勒伊城堡，从一个王国跳到另一个王国,并且似乎迷住了所有人。他后来的出版人斯塔埃尔夫人如此评论他:"他经历了这世间所有的乐事,尤其擅长享受生活。"卡特琳娜·德·露西认为:"他思想深刻,却像孩子那样做些荒唐事"。约瑟夫二世和他一起玩乐。对哥特而言,他可能是"那个世纪最快乐的人"。他无时无刻不在提亚农宫,与玛丽-昂图瓦奈特调情("她身为皇后却不以为然,人们崇拜她却不想爱她"),他很快又成为巴里夫人的情人,认为蓬帕杜夫人总是胡言乱语("她跟我说了成千上万的军事、内阁政治之类的废话")。在与权贵们的频繁交往中,他深信历史不外乎是特殊兴趣、骄傲、野心和报复。作为神圣帝国的元帅,他很快判断出主要敌人:普鲁士。作为自由的思想者,他也因为一些政治原因(并非因为盲目的狂热崇拜)而信奉天主教。久而久之,他的英国传记作家[①]不知用什么方式与他接近,并采取了愉悦的清教主义说法:"利涅王子对巴黎的访问是在一片性的暴风雨中进行

---

① 菲利普·芒塞尔:《夏尔-约瑟夫·德·利涅,欧洲的万人迷》,斯托克出版社,1992。

的。"暴风雨?不,一切都是柔软的,充满旋律的,自在的,守时的。随思而行,率性而为,因此,如果利涅的格言与思想的标题是"我的偏门邪道,或者我的自由遐想",并不是偶然。他的文字或他的回忆录①的魅力源于何处:他不展开,他攻击,他把骑兵一点点地派出去,现实是一个多面镜。总而言之,利涅是立体派的,逸闻趣事拼凑成故事的来龙去脉,活灵活现。"他说,我什么都相信,尤其是禁止我做的事情。"在两次骑马,两次任务之间,他写下了被其称之为"红书"的作品。生命是一支快速的回旋曲,需要懂得聆听,而不缺失人性道义:"我让那些皇帝皇后等待,却从未让一个士兵等待过。"还有:"我从不伤害别人。照此行事,人家会对我更好。"

他是如何看待欧洲的分裂及重组?他写了下来,他知道真相就在那里:"这是一个美妙的夜晚,因为我在我的玻璃小阁楼里写作,月光还洒在了我的纸上。"顺便说一句,他也已经结婚了,他亲爱的儿子查理后来死于战

---

① 利涅王子:《回忆录,信件与思想录》,弗朗索瓦·布兰出版社,1989;阿莱克西·巴伊纳主编,尚塔尔·多马斯作序。

争。而他与女儿克莉斯汀娜一直很幸福,他叫她克莉斯,还时常跟她讲起自己的情妇们。当他反思自己过去的人生时,他这样回顾自己:"年轻、荒唐、出色,拥有一切可能的想象力……"我们对此非常认同。他与当时的意大利著名舞蹈家韦斯特里斯确实相像。他曾是卡萨诺瓦(也是一位法国作家)回忆录的第一位读者(这部作品几世纪以来都受到强烈推荐)。卡萨诺瓦正在考虑是否该终止自己写故事时,利涅在1794年12月17日写给他的信中说:"您一直处于没有被阉割的状态,为什么您要阉割掉自己的作品?让您的生活史保留原样吧。"明智的建议。而利涅,记录下了自己在巴黎的历险:"**到处是人的社会太迷人了!我们找了七八个最可爱的女人,一直没有离开。**"与卡萨诺瓦一样,没有必要点明,找不到足够犀利的词语来形容那个恐怖时期①及其影响:拿破仑(利涅欣赏他的军事才能,却称之为撒旦一世)。他的朋友茱莉亚纳·德·库德奈尔,神圣联盟的鼓动者,是否想把他转变

---

① 指法国大革命期间1793年5月到1794年7月这段时间。——译注

为耶稣教徒？不，"天主教是贵族阶级的唯一宗教"。斯塔埃尔夫人同样表示怀疑："他的基督教是希望成为异教徒，他的狂热信仰令人宁愿冷酷无情，他对奇迹的爱表现出他对一切很简单很普通的事情的爱好。"斯塔埃尔夫人觉得他像自己的父亲奈切尔："他拨动我的心弦，我无法承认，而他也未曾料到。"

1814年12月13日，上午10点30分，利涅与世长辞（当时正在维也纳会议进行过程中，他与迈泰尔尼什和明星塔莱朗在一起）。他曾说过他不想死，"我们要看看这能否成真"。一位目击者说他在最后一刻开始歌唱，然后说："结束了。"这就是他离世前的最后一句话。根据他的品级官阶，他有权在棺材后面跟随一匹身披黑甲的战马。送行的官员们跟着他遗留在身后的业绩，无需置评，他们是来自奥地利、俄国、法国、英国、普鲁士和巴伐利亚的军队。我们刚刚走出一场戏（谁能肯定？），另一出欧洲戏剧又即将开幕。

莫扎特之为莫扎特

请来看看克雷芒十四世授予莫扎特的这个金制马刺装饰物,这是他的护身符,他与众不同的标志,现在起可以保佑他一路前行①。我们向巴黎行进。爸爸留在家里,他和妈妈一起上了船;爸爸之后跟随上帝而去。妈妈也随后去世了。但是让我们马上来解决一个粗俗得出名的问题:莫扎特一家人,就这样(他们不应该是唯一的),通过肠子和排泄物,感知了家庭的亲密。这一切是虔诚的、真挚的、审慎的、单纯的。这证明家庭首先是建立在

---

① W.A.莫扎特:《书信集 II》(1777—1778),弗拉玛里翁出版社,1987。

共同善意制造的排泄物基础上的吗?好吧。妈妈写给爸爸道:"在床上放屁,发出了噼啪的响声。"善良的奥地利。可爱的德国。沃尔夫冈·阿马多伊斯,他喜欢用阿马德(Amadé)或特拉佐姆(Trazom)(而不是用莫扎特)签名,他的父母也是这样称呼他的,不管是在敬仰上帝还是尊重粪便和臀部的时候。不是他为他的表妹想出了这一规则:通过这些口头禅,他试图让人听见他的声音(注意这个过程,如果妈妈叫表妹安娜·玛丽亚,玛丽亚·安娜就是其梦幻的反面)。"我现在需要去卫生间,我可能要大便。"二十一岁的时候,他还在写这样的句子!什么孩子啊,这些勇敢的人!好像一切都在条理之中!利奥波德在社会学的栅栏处观察着他(他在粪便上小心谨慎),而沃尔夫冈正在奥格斯堡和曼海姆到处玩耍……"突然,我即兴创作了一首美妙的 C 大调奏鸣曲——以回旋曲结尾。"就像去厕所那么简单。不,生活没有如此艰难。上帝爱我们,爸爸也爱我们。利奥波德说:"看你的年纪和外表,没有人会怀疑你难以置信的神奇及天赋。"

小表妹在小房间里这种有点沉闷的爱的氛围下,被当作想象中的呼吸。爸爸、妈妈和表妹,不错。一起排便,很好。但是,多么亲热又乏味的重复啊!当1777年11月13日,莫扎特写信给玛丽亚·安娜时说:"我最最亲爱的侄女!表妹!女儿!妈妈、姐姐和妻子!"我们理解他。同样再早些时候,他请求她穿得"法国化"一些,他注意到,这样会让她"增加5%的漂亮度"。他强调:"我希望自己的画像会像我所要求的那样,就是说身着法国服装。"还有他总是用法语说:"我亲吻您的手,您的脸,您的膝盖,还有——总之所有您允许我亲吻的地方。"请注意潜在的渐变:他们的家庭成员从大便等琐事开始,然后渐渐地投入断断续续、无意义、铿锵的字词、一无所见的转向,简而言之,*所有其他的事情*。相信上帝,太好了,去大便并在生活中步步为营,好了,但这里还有另一面,老天!"在给您写信之前,我需要去一下厕所。——好了,搞定了!啊!我又重新感到了身心轻松。"由此可见,现在,他们可以为写而写,而不是为了提供信息才写。为什么?因为"幸福只在我们形成的想法中形成"。作曲家的典型名言。利奥波德皱皱眉:"上帝先于一切。"是的,是的,也许吧。但是上帝从未明确说过他喜欢的音乐种类。或者说,他从不禁止迅速获得灵感:"协奏曲,我把它留给巴黎。在那里我一下子就能奋笔疾书。"所有人都爱自己,每个人都有他的角色,但是上帝的耳朵能辨认出属于他的耳朵。沃尔夫冈承认了吗?利奥波德如是问。是的,此外,上帝,是格外怜悯与仁慈的,是儿子坚持强调了这一点。上帝安排好了一切。而利奥波德则说:"要谨慎,等等。"他是属于古典主义的。

现在来看看女歌手阿卢瓦西雅·威拜耳。爸爸说:"啊!女人们!"是的,就是这样。沃尔夫冈写给表妹的信越来越少。1778 年 2 月 28 日的那封信是一件代表作,讲了一个关于 11000 只绵羊过桥时站着睡觉的故事,真是无论怎么说都是激动人心的。我引述一下其中内容:"我是,我曾是,我可能会是,我过去是,我过去的过去是,我会先是,啊假设我是,但愿我是,让人喜欢我这个上帝(假如可以),我可能是,我将是,如果我可能是,啊假设我是,我过去是,我可能过去是,让人喜欢我这个曾经的上帝,让谁?"答案是:"一个傻瓜(鳕鱼 stock-fisch;morue)。"这就是所说的反复提出问题,或者完美地释放成音乐。那些评论者们又绞尽脑汁企图弄明白 *spunicunifait* 的意思:"你们还有 spunicunifait 吗?"真的需要翻译出来吗?不,人们反而更关注沃尔夫冈·阿马多伊斯·莫扎特离开曼海姆到巴黎时收到的一份礼物,那是莫里哀喜剧的德文翻译版。他读过了吗?我认为是的。这期间,他还是经常玩耍、耐心等待、四处访友、继续玩耍、与人商讨、给人上课、给爸爸写信告诉他所有这一切(在生动地叙述和谈话方面即刻显现了他的才能)。

我们现在到了巴黎。所幸那里有格林和埃皮内夫人。但这仍令人失望。"法国人远没有十五年前那样讲究礼节。他们如今都近乎粗鲁且极其自大。"他们"无能,总是需要求助外国人"。人们会觉得这样的莫扎特令人惊异,但他的职业生涯却有点拖沓:"这儿那儿都有我的敌人。但哪里会没有我的敌人?这已然是好兆头了。"他说,法国人在音乐界一无是处,语言很糟糕,歌手们毫无区别地怪声高吼,"对于属于音乐界的人来说,我周围只有一群动物和野兽"。真让人讨厌。但是咱们私下说说……"让我尽快见到意大利吧,这样我才能复活。"妈妈在巴黎悲伤、孤单,房间肮脏不堪,食物糟糕透顶。最后,她宁愿死去。利奥波德自萨尔茨堡起就已经逼迫她自行放血。"可能因为让她放的血太少了?"他后来用莫里哀的方式说。他要大哭一场,借助上帝很快得到自我安慰。"让我们说说一个宗教狂热的圣父——转向其他思想,每一件事情都恰逢时机",这位优秀的天主教徒沃尔夫冈写道,他坚决不走忧郁风格。1778年7月3日有一封著名的信。他的母亲刚刚去世,他这样说道:"我不得不写了一首交响曲(D大调K297——巴黎女人),在天主节那天演奏,获得了全场的掌声……交响曲演奏之后,我高高兴兴地去了大王宫——吃了一杯美味的冰淇淋——念了一串我答应过的祷文——然后回到了家里。"

注意,让我们来安抚一下爸爸:他回家是因为他是一个好德国人,一个好基督教徒。此外,奇怪的巧合在:"伏尔泰,这个异教徒、大无赖精疲力竭而死,可以说就像一条狗——一头野兽……这就是他应得的惩罚!"

很明显,这场音乐会获得了巨大的成功。

妈妈死了,伏尔泰也死了。上帝用双手接纳了前者,又惩罚了后者。大王宫的冰淇淋十分美味。最终,巴黎……利奥波德屈服了。"以后,等我死了的时候,你会越来越爱我。"上帝帮助了沃尔夫冈:"通过上帝给予的一份特殊的恩惠,我能够坚定冷静地承受一切。"这个家庭解散了。不再会有人提及卫生间。巴黎交响曲？上帝推倒了他的牌。伟大的莫扎特诞生了。

地点与表达形式

海顿是一个不断出现在我生活中的音乐家。

以四重奏、奏鸣曲的形式。

在重听了所有喜爱的大音乐家(杰苏阿尔多①、珀塞尔②、蒙特威尔第③、斯卡拉蒂④、维瓦尔第、巴赫、亨德尔、莫扎特)以后,是他再一次在最寂静的时刻打动了我。他停留在他的秘密里,**不会完全死去**。

---

① Gesualdo,意大利作曲家(1561—1613)。——译注
② Purcell,英国作曲家(1659—1695)。——译注
③ Monteverdi,意大利作曲家(1567—1642)。——译注
④ Scarlatti,意大利作曲家(1660—1725)。——译注

我想象一个按他的想法重建的世界,和谐地矗立着:在那儿,善与恶,死亡与其虚假的鬼神,依据的都是从物质与密度中发现的序列。墨丘利、滚珠。人们很少触及他,他回应,连续不断婉转回旋——跳跳、停停、跳跳、歇歇,他隐匿、滑动、滚动、突破、再出发。句式里似乎只有动词。海顿是持续的爵士乐,不消沉,也没有希望。阿姆斯特朗听过他吗?迈尔士·戴维斯呢?查利·帕克、比莉·荷莉戴、考特·贝西、蒙克呢?我们决定想象一下。那是最盛大的花样韵律演奏会:嘴脸、手指、空地、丛林、钢的雨。

绝不会有关于约瑟夫·海顿——莫扎特(这位基督教徒)称其为"父"——的浪漫的纪念活动。庆祝特拉法加海战的天主教弥撒算是庆祝胜利吗?哦,是的!但愿人们能一次性用恐怖时期和拿破仑来结束这一切!那里有**纳尔逊将军**、过度兴奋的女高音、炮声、粗绳、红球、海浪、好消息的鞭策。还有伦敦:马拉美拿伏尔泰的文字与海顿作了比较可谓:"简明或轻快。"这就是最终再次与创作与季节协调的原因本身。

棒极了!

"海顿给自己订立了一个古怪的规矩,对此我什么都

不能告诉你们,否则他绝不愿意说出它的内容。"(司汤达:《海顿的生活》,第八封信)

如何调解上帝的名字和遗传学二者之间的关系?这个古老而又艰难的问题,在此被耶和华(YAH)和脱氧核糖核酸(DNA)施魔法解决了。

没有什么比海顿的奏鸣曲更接近兰波《彩图集》的了。

为了让你们信服,请听鲁道夫·布赫宾德(那个装订工)1768年演奏的降大调第31号奏鸣曲。16分,25秒。必然讨论真相的诗歌还不如没有讨论过这些真相的诗歌美妙。不要怀疑:你会让我开心。我想象埃洛因神不是多愁善感,而是冷冰冰的。

这是段极快的音乐!

空房间、阳光、早晨、无论在哪里,在疾风暴雨的思绪又平静之后,有人在那里,思考、标记、陈述、冲刺、出击、强调。时间形成圆圈,总在反复,从球体到立方体形成了四方体。能够直接触及到的头脑,除了交递无偿的计算别无他用。谁在那里击打?那些粗暴、那些悬疑、那样的狂怒、那样的柔美都是从哪里来的?骰子去除的是偶然性,接近的是无穷,同时显现各个面,如透明的泉水在毫无泛滥地旋转着:有可能吗? 当然!

安德烈亚·施特赖歇尔1809年7月2日在维也纳对格里辛格说:"在海顿去世前三天,5月24日下午两点的时候,海顿在午睡,一位法国骑兵军官来看望他并与他结识。海顿接待了他,和他谈论音乐,特别说到了《创世记》(*La Création*),并且精神很好地听了那个军官用意大利语给他演唱了《感受主权与尊严》(*Mit Würde und Hoheit angethan*)咏叹调(第二段里创造男人和女人的C大调咏叹调)。那个军官唱的声音如此庄严、如此雄壮,再配合那样的表情与味道,使海顿无法抑制地留下了幸福的眼泪,他向这名歌者本人,随后又向其他人宣称他不仅没有听过用这样的方式演绎的咏叹调,并且在他认识的人里,从没有一个嗓音,任何一个歌声能够让他陶醉到这种程度。半小时后,那名军官又骑上马奔赴打击敌军去了。他留下了自己的地址(足以让人们尽情猜测):他叫苏里密,**轻骑兵上尉**。我们希望这位尊贵的先生有一天能够知道,是他为海顿带来了最后的音乐快乐,因为之后,海顿再也没能听到过任何音符。"

风格与爱情

小克雷毕雍①还是被看轻到这种程度,真是奇耻大辱。正如艾田蒲在他的《心神迷乱》②的美丽序言中所写的:"走开吧,爱抱怨的审查员,承认克雷毕雍的东西让你们厌恶甚至烦扰吧,这是因为他从来都只谈论其中的爱情,各种形式的爱情:疯狂的爱和趣味的爱,廉价的爱和无私的爱,所谓的"冷漠的"(我们的性学专家称之为"性

---

① 法国作家克洛德·克雷毕雍(Claude Crébillon, 1707—1777)之子。——译注
② 小克雷毕雍,《心神迷乱》,伽利玛出版社,弗里奥丛书单行本第891号。

冷淡"的)女人的各种放荡,半患阳痿病的男人的各种惨败,获得启示的爱人们的各种壮举。在我们的职业、金钱、政治都占得鳌头的文明中,在这样的一种文化中,还有什么位置留给终日花天酒地?而没有这些,就根本不会有爱情与小克雷毕雍……在不但无力承担真正的幸福景象,还报复性地引起有发音缺陷人的内心压力的时代,在激发聪明人创作一种嘲讽和失败文学的时代,克雷毕雍扮演了捣乱惹人的角色。人们让他把这一切看得清清楚楚。"

人们让他把这一切看得清清楚楚,这句话的意思是人们把他看成一个二流作家,而他却值得在语言的盛典里,与伏尔泰、狄德罗、马里沃、拉克洛斯、萨德一起进入首席位置。让·达恩在新版(终于有了!)的《M＊＊＊侯爵夫人写给R＊＊＊伯爵的信》①的推介说明中,有理有据地说到"关于司汤达式的这几页激情,与可能将自己废除的感知技巧并存"。是的,由于我们身处这个沉重的、

---

① 小克雷毕雍:《M＊＊＊侯爵夫人写给R＊＊＊伯爵的信》,戴斯荣吉耶尔出版社,1990,让·达恩选编。

未开蒙的和阴暗的时代(宝贵的民众主义时代),一切都应该看上去是真实且蛊惑人心的,在"心"的掩盖下,隐藏着一种有收益的冷漠。一面的粗暴和另一面的温情主义取代了对品味的感性与讽刺。需要因此烦恼吗?这会是一个信条吗?呃,不会的。

一个女人写给自己情人的七十封信,由另一个女人挑选出来,这就是1732年,《危险关系》出版五十年前,一个二十五岁的年轻人所设想的情景,结果是:一次尝试,一举成名。信写得很匆忙,很激烈;十分利己,充满热情,既有战术又有战略;信中反复出现感叹与疑问;它说到了一种隐匿和激动人心的生活化的触电般的小说。在我们冷冰冰的信息化喜剧中,取消私人信件是对内在时间的否定。不再写作、读得越来越少,顺从于操纵画面和数据的指令,这就是稳定专制的程序。由此而来的极端清新的这条信息,穿越了周边的伪善抵达我们这里。请看这个句子:"我去我想去的地方,我听我发现的人说话,我回答我喜欢的人的问题,我游戏我失败。"还有这句:"我给您写信告诉您我爱您,我等着您只为告诉您这一切。"还有这句:"来和我共进晚餐吧,我不曾属于自己的既不美丽又不疯狂的生活。我多么同情您!"爱情在凄惨的或者说愉悦的战争中,通过其他方式延续了文风。到处都是这样的对白,激烈的谈话、显而易见的背后意图、一语双关,秘密准备着约会:"您问我是否待在家里,我很想回答您不,但是您不该承受这样的谎言。您想知道我是否会一个人待在家里,我可以明确地告诉您,但是您就一点都猜不到吗?"字里行间都是遮遮掩掩、谜一般的、断断续续的词语:说明这是一项秘密进行的活动。

克雷毕雍熟悉自己的古典主义风格,包括去滑稽地模仿:《克莱芙王妃》,《葡萄牙修女的书简》,塞维涅,拉辛。书信中有四种行动:用拒绝身体退让与对方接触;事发时刻(是这里,是被审查的,不如说是被否定的生动部分);在持续过程中观察(热情与冷漠,引诱与责难);最后是生死离别("再见,再见,永别")。第一部分,直到第二十九封信,是最吸引人的。对侯爵夫人来说,是为了保证伯爵处于她的高压之下:"当我对您的变化无常还不大放心时,我会在世界任何地方单独和您在一起。"情人,从定义上来说,是被迫处于沉默的人物。回应他,挑逗他,藐视他,从不相信他所说的,除非要求他吐露更多,他的话无论如何都是有漏洞的,不管发生什么,要给男人颜色看,想法都转移到了女人那里。克雷毕雍,或者说创造女人的手法,必须逐渐从自身学起。读者则受到语言力量的控制,还有服装、装饰、日期、天气的影响。可以想象一下这些像是从瓦托的画布中走出来的人,一个女人,可能是在一个孤零零的空间里,说起自己的丈夫:"我慷慨地原谅了我那位忘恩负义的人,饶恕了他的放荡行为。"还是在那个孤零零的画面里,一个女人可以建议自己的情人(为了和他安静地待在一起)支持她丈夫与上述情人的表堂姐妹体验激情。不可思议的法国人!自从所有人都渴求艳遇,却理所当然硬说反话以来,他们激烈地惩罚自己!难到没有人能逃避"笔头"爱情力量的规则吗?不。"那些看上去如此严肃的女人们并不是对欲望最无动于衷的;这样的女人在阅读这些小说时,只是更清楚地认识到有必要将其略过。"节略小说,明摆着的事,不然,我们都很清楚,生活会枯燥乏味。

那些令人厌倦的男男女女们感到无聊,这很正常。因此必须在对他们的一贯责难做出退让的时候,就因为生怕打击他们,必须放弃感受,放弃取乐吗?克雷毕雍通过他的小侯爵夫人给出的回答果断而简单:"爱得平庸时,就会无聊。"

神秘的伏尔泰

你心情沮丧,你想一目了然。你觉得这个时代是混乱的、群居的、腐朽的、卑鄙谋利的、懦弱的、枯燥的、罪恶的、毫无价值的、荒谬的。你走向图书馆,你选择了"七星文库"的一些书籍。你带走了伏尔泰的十三卷《书信集》①及他的一册《故事集》。你又加上一本拉伯雷的、一本蒙田的、一本红衣主教莱兹的、一本帕斯卡尔的、一本拉布吕耶尔的、一本拉封丹的、两本莫里哀的、一本博叙

---

① 伏尔泰:《书信集》,伽利玛出版社,七星文库。最后一卷出版于1993年(原注)。

埃的、三本塞维尼的、两本孟德斯鸠的、八本圣西门的、一本狄德罗的、一本萨德的、两本夏多布里昂的、两本司汤达的、四本普鲁斯特的、四本塞林纳的。总共五十册书。什么？难到只是法国作家的书吗？你不会被怀疑是反动的民族主义的同情者吗？你不理会反对意见。你抹杀了必要的时间，你不断地切换着电视频道，简单地生活着，你不停地阅读。然后，你又回来了：疗程曾经很艰巨，但是现在在我们看来法国是一个被埋没的天堂。你被治愈了，变得灵活、轻松、无可怀疑的了。噪音、庸俗、蠢事给你留下了大理石般的感受。一切都是为了在最糟糕的人世间成为过得最好的人。

例如伏尔泰，你感到吃惊，你听到过许多公共场所里关于他的话题，他的影响力能持续这么久。没有丝毫波折，这是一股永恒的力量。在他的《书信集》的第十三卷，也是他的最后一卷中，你查阅了人物总索引表，约有14000个名字。这是本什么小说啊！多么活跃的素材！什么样的人间喜剧啊（看，你可能也带走一打巴尔扎克的书籍）！多么神圣奇特奸诈讽刺的生活啊！文风多么狂热的一课啊！即使你的国家看上去已经消失了，至少你仍旧紧张地生活在它的语言里,语言本身就是一个跨越时间的巨大国家,一块永存的大陆。人家对你隐瞒了多少诡计啊!就像有人每天都在对你说谎!马拉美说得对:一旦撤出难读的悲剧(除了这些日子为了纪念拉什迪而要在整个巴黎上演的《穆罕默德》),人们就会把伏尔泰的书信和故事放到"法语书籍的神龛"里。神龛?什么词啊!马拉美还说:"简明的,或是随意的,平等地出现在这样的短文中,这是另一个世纪短暂流动过来的恩赐,或是海顿的和弦……这是游戏(奇迹般的,不是吗?)、发出的箭和颤动的弦,都在那个完美的名字——伏尔泰中。""神龛"?"奇迹"?就不必强调了。

19世纪(还有20世纪!)是否是令人失望的,致人死亡的,病快快的,腻歪歪的,以至于马拉美一心只想着伏尔泰!但他并不是独一无二的。1878年,尼采把《人性,太人性了》一书献给了"一位最伟大的灵魂解放者"。他还更清晰更强烈地反对了瓦格纳和周围的泛日耳曼宗教感情,在《瞧!这个人》(*Ecce Homo*)中,他说:"伏尔泰首先不同于自己之后那些拿笔写作的人,他首先是智慧的伟大领主:我也正是如此。我的文字中能出现伏尔泰这个名字,这真是一大进步……是朝我自己的进步。"

为什么这两个同样引人注目的特例会表现出这样的热情和怀旧之情呢?是否因此有一段时期整个欧洲就是法国呢?如今的法国人是否是最晚意识到这一点的?滑稽的历史。法国人?伏尔泰称之为**野蛮人**(des Welches),意思是一些自大、麻木、肤浅、轻视文字、目光短浅、自私、迷信、无知的人。人们应该担心的是野蛮人民族战线中最糟糕的情况。但是,不管怎样,法国作家从同胞那里期待不来什么好东西,只有阴谋诡计,恶意或者诽谤。把持文学世界的,是"三教九流作家的乌合之众"。最好是习惯适应它,事情就是这样。

通信者的多样化,语气的灵活性和多变性,对自我和对方的尖锐意识,情势的相对艺术,处处设陷的自我嘲讽,佯装谦虚,言辞直接,动作敏捷:伏尔泰的每一封信,即使是最公事化的信,都是一种本能的愉悦。这本身是一个形式,一个快速的包装,来源于一种前所未有的对话传统。正如勒内·波莫,这位令人赞叹的伏尔泰传记作家所写:"那些喜爱灵魂被滋润的人,不可能爱上这种无血无肉的活力。"温情主义和犬儒主义的严酷占据了多数人吗？伏尔泰则完全相反：假装冷淡，内心敏感。他在各个领域的最大敌人是**虚伪**，是**无耻**，这是精神上的惰性、倦怠、迟缓、冷漠、空洞的夸张、过分的虔诚。他想要"给自己的精神所有可能的形式"。他知道"世界充满了不值得人家跟他们说话的木偶人，"。他与陷入泥沙中的基督教派的激烈论战是否不可逆转？可能吧，但是类似勒南这样的人有理由表示怀疑。他说，在天主教和伏尔泰之间有比人们以为的更多的相似性。最后，在卢梭的路线里，未来更应该是自由主义新教的，新教经过赫尔德或费希特的传播，在德国经历了一场"神奇的孵化"。勒南还是尼采？康德还是伏尔泰？人们猜测之后的关键走向。事实上，我们总是处于抉择的境地。

看看伏尔泰的最后两年吧，1777 和 1778 年。首先引人注目的是他清晰的神智，他的悲观主义，他对自己身体状况一贯明确的态度。他对孔多塞说："我喜欢您，在精神上真切地尊重您。我要死了，但无大病。形形色色的江湖医生总在兜售他们的破药。极少数的圣人在嘲笑他们。精明的骗子会发财。人们会时不时烧死一个冒失鬼。世界会沿着它一直走来的路走下去；但是请你为我保留你的友谊,我最亲爱的哲学家。"在读这些的时候如何令人不感到惊愕,例如:"我长时间处于从动物界到植物界过渡的点上。我衰老虚弱的身体就处在让我的墓地长草的地方附近;如果不是这样的话,我可能会更早地来谢谢您。"还有,在他去世前几天他还对达朗贝尔说:"我想跑到法兰西学院去。两种残酷的疾病拦住了我。我向您和我尊敬的同仁们推荐字母表上的 24 个字母。"

生活中的萨德

以下是萨德侯爵在1772年32岁生日时,面对"马赛案件"的证人时的样子(那次事件导致他第一次被判处死刑,随后因逃逸而被通缉):"中等个子,金色头发,俊美的外表,丰满的面庞,蓝色衬里的灰色礼服,金盏花颜色的丝质短外套和短裤,帽子上插着翎毛,身侧佩剑,手持一根金球饰手杖。"总之,他置身现场。他的爱好是人体,别人的和他自己的身体;他的作品列表上会是那些最难对付的也是最具灵感的书,是历来从未书写过的关于这个实体所提供的享乐的书。那么现在让我们谈谈杜布瓦长官,他有幸在《弗洛贝勒的日子或被揭示的本性》被烧毁前,读到它的十册手稿(这部书稿正是35年之后的1807年由夏朗东的那个已变得肥胖的老囚犯萨德写的),他说:"用尽最骇人听闻的修饰词也无法勾勒这部无法容忍的作品特点。"萨德这个写作怪兽出身于法国最古老的家庭之一,在佩特拉克的启示者罗尔亲族那里举足轻重。以下就是他的徽章:"一枚闪着八道金光的星章面上装饰着麻点点缀的展翅的雌鹰,脚干坚挺,尖嘴利爪,顶佩王冠。"这个整体设计,起码能说明是极度扭曲的。

大家都认为十分了解萨德,做出自然而然和难以理解、受惊吓或模糊崇拜的反应,然而时间成就了他的作品,积累下具体的发掘,故事消除了幻象,让他越来越引人注目也越来越神秘。同样,我们也丝毫不了解他的父亲,让-巴普提斯特,文学爱好者,路易十五时期坚持放荡不羁,在伦敦与孟德斯鸠一起同时被吸收为共济会成员。他因此在那些风流韵事和多角关系中觉醒,他爱儿子也得到儿子爱的回报。萨德是彻底反俄狄浦斯(恋母情结)的:"我们是单一地依赖父辈的血脉长大的,我们绝不归功于母亲。"尤其是当今,我们还能想象出比这更会引起公愤的宣言吗?仅凭此言,他就已经是一个游离于人性与社会之外的令人费解的人了。唐纳蒂安-阿尔丰斯-弗朗索瓦·德·萨德由他父亲的情妇们抚养长大,像一个"特殊的孩子"一样一下子出现在这些活泼而才智横溢的女人们面前(只需要读一读他们的信件便知)。"奇特的孩子!"这就是他的岳母蒙特洛伊院长夫人发自内心的说法,这位岳母是萨德家庭名义上的最大困扰者,这些变得越来越具母权和庸俗的家庭,可能就具它们化学反应般的命运,从高潮到低谷,从低谷到高潮。这位院长夫人是否也暗地渴望过她的"小女婿"?人们难免会这样想吧,因为在这样张扬的活力面前,面对着的这样一个放荡的男人,不仅她的女儿爱上了他(她给他写信称之:"我千般挚爱的小朋友"),还赔上了她的另一个女儿,一个二十岁的尚未发愿的寄修女子,与萨德去意大利旅行,让她险些无法成婚。他与一些女演员发生艳遇,在窑子里,亵渎神明式地残暴放荡,各种方式的堕落,这些总让他自己喘不过气来。但是两个女儿,是两姐妹!什么样的母亲能下这样的决心?更何况她们是积极自愿的。侯爵的妻子在信中说:"最刺激她(指母亲蒙特洛伊夫人)的事,是看到我的观点和言论来自我自己,而不是萨德侯爵,她原以为他只是像让鹦鹉学舌一样在提示我呢。"萨德被先后关押在万塞纳和巴士底狱后,给妻子写的信是人们所读到过的最精湛的令人眩晕的书信,充满了诅咒,要求,抱怨,但也有幽默和温柔。他叫她什么?"我的洛洛特","穆罕默德的快乐","亲爱的斑鸠","我思想的鲜猪肉","我神经的刺激品"。而她,曾见证了拉克斯特城堡的狂欢:"除了我丈夫的好,没有什么能让我改变。这是我唯一的目标,除此之外,一切都对我毫无意义。"萨德向她倾述了最本质的世界,自己的基础哲学:"我尊重品味和想象。虽然它们有些古怪,但我认为它们都是值得尊重的,因为人们不是它们的主人,因为所有事物中最独特和最奇怪的那些,经过仔细分析,总是会追溯到一个细腻敏感的本源。当人们想知道的时候,我负责加以证实:你知道没有人像我这样分析这些东西。"还有:"并不是我的思考方式造成了我的不幸,而是因为其他人的思考方式。"

巴士底狱孕育了萨德的《索多玛的 120 天》;密封诏书转换成了毁灭性的隐秘文字。萨德,面对诏书,炸开了所有权力的内幕和地下室。"在所有制度的监禁下",被新闻舆论剽窃中伤(也许是因为他从头至尾都是无罪的),被关押却从未被审判,可以说是那个社会本身,在难以莫测的伪善和总是多变的形态中,始终与他保留着萨德的风格。"除了毫无益处的残暴再无其他……为什么那些迫害我的人要向我鼓吹他们并不效仿的上帝?"以他受害者的强烈拒绝公正的做法,向我们展示了光天化日之下,集体安排的真正不正当交易。

最重要的一点是:在这样的大恐怖时期,不再有可能传奇化地、超现实地在恐怖时期,把萨德变成狂热的战士,极端的革命者。莫利斯·勒威公正地写道:"没什么能比享乐平等、蔑视文化、合法的恐怖行为更让他厌烦的了[1]。"萨德参加大革命不说是滑稽的,也不再是含糊不清的。如同用断头背景的"爱国滑稽剧"来祭奠马拉和勒佩勒捷的阴魂一样。勒威还说:"《索多玛的120天》的作者只会用只属于他自己的,隐藏内心的冰冷的、黑色的冷笑来讲述这样荒谬的事情。"他和这些事件紧密融合在一起了吗? 他行动,他谈论,他再补充什么吧? 可能,但是他的定义是可疑的。他会揭露蒙特洛伊夫人之流,他的

---

[1] 莫利斯·勒威:《萨德》,法亚尔出版社,1991。

这些来自旧制度的迫害者吗?"我一句话,他们就遭虐待。我闭上嘴巴:请看,我是怎样复仇的!"罗伯斯庇尔正是因为想到了萨德才攻击无神论似"贵族阶级的",并试图创立一个至上崇拜(这让我们另外得出结论,所有不属于贵族阶级的无神论都不是无神论)。这就解决了一个疑难问题:人们没有在热月八日在皮克毕找到萨德,并按富基埃-坦维尔的命令把他带上断头台,那仅仅是因为他在演员孔斯当丝·盖斯奈(被称之为"感性的人")身上发现她是一个长期的完美的同谋者(总是有这些爱上萨德的女人们),这个女人总能得到钱并付账。当然,行贿腐败之风在净化贞洁的面具下盛行:腐败可能只有在自身廉洁的面具下才能运作,这让我们更好地理解了萨德侯爵的这句话:"对我的监禁败坏了我。"

院长夫人,罗伯斯庇尔,拿破仑:可以说是随时潜在的三个有攻击力量的人物。萨德的雇员,审查官员,都被他称之为"探究者,省略者,评论者,改革者"。看到这位法国最伟大的作家之一给富歇写信,再一次请求被"**释放或者被审判**",用的是如此强烈的措辞"**凡是与我相关的所有理性法律都不被我认同**",这是怎样的嘲讽啊。萨德在夏朗东出让的剧院里,按照不祥的巴拉斯的说法,不过是"人群中的一个怪胎"。说他是极端的怪胎,是因为他写了《虞丝缇娜》和《朱丽埃特》,更何况没有什么能摧毁他,因为他**永不停歇**地在写作,不顾始终存在的监视、告密、难堪、搜查,"那些愚蠢无聊的事,那些庸俗乏味的事"。他从不在自己的欲望上让步,他发挥每一此取乐的机会,即便是在抱怨(作为理由),我们也知道他乐在其中。那些手稿都被扣押且销毁了吗?算了,就当它们超越了围墙和纸页的局限,在另一个现实中生存下去了吧。有两个人在他即将殒命时在夏朗东遇见了他,那是在他的导演下,那些疯子们安排的戏剧性的一晚。一位记者回忆道:"一个老头歪着头看着火光……他几次跟我谈话时都充满热情活力,思绪敏捷,看得出他对我很友好"。还有一位在巴黎初露头角的年轻女演员弗洛尔小姐说:"他保持了优雅的举止和丰富的才智。"

完整的卡萨诺瓦

终于！终于有了卡萨诺瓦的两千页《回忆录》的真正版本,可与《追忆似水年华》媲美,有 800 万字符,多么美妙的字符！终于面世的这本梦幻般的厚书,值得好好整理,而不是被审查！这个事情很复杂,但最终相当简单。卡萨诺瓦(卒于 1798 年)经常写出蹩脚的法语。他的手稿在德国再现,它首先译成了德语。之后于 1826 年用"通顺的法语"出版,但是伴随着语义削弱、修改变味,还有不适时的添加。原稿本身,一直到 1960 年(！)才为人所知。因此如今有必要对此采用唯一的出版原则:调整语法上的可读性,在文章的括号内插入审核后的补充内容。现在这样做了而且很完美。结果确确实实异乎寻常。

让·拉佛格①,这个给《回忆录》,或者更确切的说是《我一生的故事》"整形"的法语教授,就是一个品味审慎且反世俗而行的绝佳例子。由他展现出来的整个 19 世纪,着迷,严肃,展现在卡萨诺瓦的沙发床上。让·拉佛格十分了解他的语言,但是他不能因为另一个语言说得太多而揭露过多。以下是他的第一个处理方式:"说到女人,我总是觉得我爱过的那些女人们的气味甘美。"而卡萨诺瓦写的是:"我终是觉得我爱过的女人气味甘美,她越是出汗,我越觉得她味香。"抑制流汗,才是要领。对食物也是一样。卡萨诺瓦不掩饰被他称之为"重口味"的东西:野味、红鱼、鳗鱼肝、螃蟹、牡蛎、腐败的奶酪,搀香槟、勃艮第红酒和沙砾的饮料。拉佛格最喜欢经常说"鲜美的夜宵"。卡萨诺瓦不是经常描述自己行动的样子吗?夜里打赤脚,为了不弄出声响。拉佛格立刻感觉了凉意,给主人公穿上了"轻便拖鞋"。我们就这样,通过点滴触

---

① Jean Laforgue(1760—1827)。——译注

笔,或有时通过整个段落,介入了身体支撑着的衣物;身体自18世纪过去以后,一直萦绕在消沉有罪想象里。它过于粗俗,过于表现,过于突出,这就有危险。在一具单一的非集体形式化的身体上冒险,其动作、首创性、姿势都会引发长久的担忧。(波德莱尔和福楼拜都知道一些,更不用说萨德文章中暗藏的变故了)。当然,拉佛格是完全诚实的:他知道自己参与了一个文字爆炸(保证成功),他喜欢他的作品原型,欣赏它。但是他情不自禁地要去干预它,这对我们来说也是引人入胜的。因为拉佛格始终是一位很现实且思想正统的人。例如,"伪善的人"这个词让他颤栗,他就补充到嘲讽的语调中,卡萨诺瓦喜欢在那里讥讽。回忆君主政体是一道张开的伤口。如何协调卡萨诺瓦公开反对恐怖统治时期并悼念旧制度,和他本该朝历史正面方向发展的颠覆性冒险?我们放过对路易十五的赞美("路易十五有着所能见到的最漂亮的脑袋,他既优雅又庄严地拥有了它"),但是会删去对大批屠杀贵族的法国平民的抨击,而这些平民,按伏尔泰的说法,是"所有人中最可恶的",他们就像"有各种颜色伪装的变色龙,很容易被某个首领利用让他们变善或变恶"。

气味、食物、政治观点:一切都苏醒了。如果卡萨诺瓦写"巴黎的平民",人们会让他说"善民"。但是对性的渴望的细致描写明显是最为棘手的。关于刚刚摔倒的一个女人,拉佛格写到,卡萨诺瓦"用纯洁的手补救了盥洗间里突发的跌倒"。说到这些事时用的是多么文雅的词汇啊。卡萨诺瓦,走过去"很快放下她的裙子,遮住露出的所有美妙的秘密部位"。没有说纯洁的手,他看到了,但只是快速看了一眼。拉佛格"像怕火一样害怕婚姻"。是不是为了不冒犯夫人,他才不引用卡萨诺瓦的句子"我比死更怕婚姻"? 不该在如下的一段文字中,更为粗鲁地表现两位重要的女性角色,M. M. 和 C. C. (卡萨诺瓦生命中最幸福时期在威尼斯赌场的两个女朋友),"她们就像两只想狼吞虎咽的母老虎一样猛烈地开始干她们的伙计。"不管怎样,这样表达没有问题:"我们三个同性的人都沉浸在我们演奏的三重奏中。"在一场狂欢之后,拉佛格很自然地让卡萨诺瓦感觉到了"厌倦"。再没有类似这样的描写了。

如果卡萨诺瓦写:"确定在傍晚有满满的享乐感时,我会沉湎于自然的欢乐之中",拉佛格改正道:"确定有幸福感……"对于拉佛格来说,一个女人不会在"手淫"(se manueliser)时呈仰卧的姿势。不会:她会"做让自己产生幻想的动作"。事实上这就是如何让手保持纯洁。同样地在说"手淫"(onanisme)的地方,卡萨诺瓦用了 manustupration 这个奇妙的同义词。可以避免对"疯狂的脏器(……)让这个女人抽搐,让那个疯狂,还让另一个虔诚"的注释。卡萨诺瓦喜欢女人,他如何爱她们就如何描述她们。拉佛格尊重她们,这是一个害怕女人的女权主义者。卡萨诺瓦也绝不能谈论自己内裤上的可疑污点,有人帮他洗干净了。作为报复,有人会时不时地送他一些伦理道德的用语。修改工作有时会带来惊喜。M. M("这个信教的女人,想法疯狂,是个放荡的玩家,她所做的一切都是惊人的")给卡萨诺瓦寄了一封情书。拉佛格的版本是:"我抛出上千个吻,它们都飘散在了空气中。"卡萨诺瓦(这个版本美妙有加):"我轻吻空气,相信你就在那里。"

然而,哪里来持久的热情去阅读这些西方的《一千零一夜》,即便是拉佛格的版本。这仅仅是各个时期最美妙小说中的一部,讲述了炼金术的一种成就,人人都在梦想,但是少有人达到这个梦想,把自己的生活变成一部小说。如果说小说是用来想象人们所不能拥有的生活,那么卡萨诺瓦,他可以平静地表示:"我的生活就是我的素材,我的素材就是我的生活。"这是什么样的素材啊!"在回忆我曾有过的快乐时,我把它们更新了一遍,这样我又从中得到了第二次快乐,我嘲笑自己曾经受过的苦难,并不再觉得苦了。作为宇宙中的一分子,我对空气说话,我设想自己在汇报自己的经营状况,就像是一个饭店主管在离职前向他的老板汇报一样。"(注意卡萨诺瓦并没有说主管必须离开。)他为自己安排了一个随时都可进行的节日,没有什么能阻止他,没有什么能约束他,他的疾病他的失意都让他感兴趣或让他觉得好玩;到处总会有些女人不小心陷入他的魅力漩涡中。偶然出现的往往是姐妹,女友,还不至于到妈妈和女儿一起的地步,"我一直无法想象一个父亲如何能够温柔地爱着他迷人的女儿却一次都没有跟她睡过。这种无力的观念总是让我相信,如今更让我坚信:我的思想和我的素材只能塑造一个唯一的实体。"这是个为乱伦请愿的惊人宣言(此外,还在一个出色的夜晚在那不勒斯实施并宣讲了)。必须要强调的是:"乱伦,是希腊悲剧的永恒主题,这不但不会让我哭泣,还让我发笑。"这就是不管在什么样的社会,都成为足以引起骚乱和公愤的原因。卡萨诺瓦的冒险及这些冒险所引发的磁化作用,可能都源自这个构成他自身的"实体"。因为这个实体及其所引起的对死亡的厌恶,大门敞开了,敌人消失了,幸运的机遇增加了,越狱成为了可能,游戏的转盘顺利,荒谬被利用被制服,理性(或至少是某个更优越的理性)胜利了。他与杜尔菲侯爵夫人(她指望卡萨诺瓦这个高级巫师让她变身为男人)的"神奇"故事是所发生过的最令人惊愕的事件之一。卡萨诺瓦,是个江湖骗子吗?可能吧,当有必要的时候。但他是一个坦诚的骗子,他每次都明确说清了那些人轻信的真正原因(就像弗洛伊德,说得很深刻,但是添加了更多喜剧的成分)。

他遇到了一些头面人物?没有问题。伏尔泰吗?有人给他朗读阿里奥斯托的作品,让他流泪了。卢梭?缺乏魅力,不会搞笑。普鲁士的腓特烈大帝呢?从一个主题跳到另一个主题,不听别人给他的回答。俄国的卡捷琳娜？他和她一起旅行。贝尼斯枢机主教？这是一个在威尼斯一起放荡的朋友。教皇？他会在路过的时候给您和莫扎特一样的勋章。说到教皇，卡萨诺瓦的玄学也够让人吃惊的。他是如此开始《我一生的故事》的："斯多葛派和其他任何教派的关于命运力量的教义是一种不现实的空想，其实质还是无神论。我不仅是一神教信徒，还是用哲学武装起来的从不变质的基督教徒。"他还说，上帝总能在他的祈祷下让他如愿以偿。"绝望能杀人；祈祷让绝望消失，并且当人祈祷的时候，能感觉到信心并行动起来。"卡萨诺瓦正在祈祷，这是一幅什么样的图景啊！无论如何，对于这个来说，是令人惊讶的诚信职业，他同时把这样一句话甩向自己的同类："除了乐在其中之外，我无所事事。"这句话针对的是能够理解其意"因为身处火焰而变为火蝶蠓"的人。

卡萨诺瓦在那里。是我们偏离方向远离了他，而且很明显地走入了致命的绝境。一天，他在巴黎的歌剧院，坐在蓬帕杜夫人的包厢旁边。上流社交界都取笑他不靠谱的法语，例如他说自家不冷因为他的"窗户缝隙堵塞"得很好（calfoutrées，原词应为 calfeutrées）。他略施小计，别人问他是从哪里来的,他说:"从威尼斯来"。蓬帕杜夫人说:"从威尼斯来? 您真的是从那里(là-bas)过来的?"卡萨诺瓦说:"威尼斯不在那下面(là-bas),夫人,而在那上面(là-haut)。"这个桀骜的反驳给周围人印象深刻。这个夜晚,巴黎是属于他的。

深刻的马里沃

去柏林吧,这个从今以后开放的城市:你们驾车从西部开到东部,你们寻思,为什么这样血腥的一幕发生有一个多世纪了:纳粹黑衫党的嘶叫,红色革命者的射击。如今,一切都归于平静,变成了电子化的,技术性的。你们走进夏洛滕堡宫的宫殿,登上去,强大、桀骜、审慎的答案就在那里:《热尔圣的招牌画作》《登船去库忒拉岛》。难道瓦托能如此明智?是的,他在柏林没有看到其他什么。那么这些画面中的鲜活的、脆弱的、充满热情的、不可磨灭的小人物用什么语言在说话呢?为什么他们突然看起来如此真实?请看,请听。这就对了,那些声音传进了你们的耳朵。是来自马里沃的声音①。马里沃的作品就是属于他的一门语言，这很好地证明了一位大作家是与他所处时代的绘画和音乐密不可分的，而且这个时代照它本该有的样子被正确理解，不属于过去，而是属于完整的当前，属于纯粹状态下的时间。马里沃并不是用一门已有的语言写作，他**更多地**在所有使用这门语言的作家的语言里写作。是法语吗？哦是的，只能这样，别无所求。苏德互不侵犯条约遗忘了这个细节。广告英语无法有大的改观。应该要教给大家，教给法国人这方面的法语。我们对此有一个证据：谁能够想象瓦托会在柏林获胜呢？

1697 年，路易十四在虔诚又忧郁的曼特农夫人的怂恿下，驱逐了那些意大利喜剧演员。因为他们太善变，太会嘲笑人了；他们有可能带来骚乱。1716 年开始摄政王把他们又召唤回来。大家从来不多说摄政期间有多少好处；从不强调事情的本质是清教徒和极端自由分子之间

---

① 马里沃，《完整的戏剧》，伽利玛出版社，"七星文库"，第二卷，1994；亨利·古莱和米歇尔·吉罗订立的版本。
Pierre de Marivaux（1688—1763），法国 18 世纪古典喜剧大师。——译注

的相互博弈,清教主义当然也通过使用色情漫画来表现。这是喜好的问题。一面是:悲剧、夸张、虔诚、病态、强烈的情感、粗暴、疯狂、混乱、沉重。另一面是:即兴创作、性的自主平等、快速对话、复杂又清晰的交流,轻巧地表达出深度、相对性、愉快。法国的戏剧陷入了沉睡:习惯的姿势、沉重的发音、自负的演员们(马里沃这样描写他们:"他们不去敏锐地领会自己的角色,而是更喜欢在戏里犯连续的不合逻辑的错误,以此来满足他们的自尊心")。那些意大利人,他们首先是一群人体。他们有些是滑稽剧演员,有些是杂技演员,他们的动作优雅,自创了对白接话,他们不是剧本的囚犯。马里沃在人体的反击中出现。小丑发现了自己的哲学:"我跑,我跳,我歌唱,我舞蹈。"这是在巴黎,在其他任何地方,小丑都在开始考虑把空间当作每一瞬间的新事物。之后的毕加索,也是这样说的。

是的,是的,圣西门、瓦托、马里沃、弗拉戈纳尔、伏尔泰、狄德罗、拉克洛斯、萨德,还有所有其他人:都没能做出什么,欧洲的悲剧历史没有触动他们。不要说这都过去了,只有衰败的剧目过去了。需要到萨拉热窝上演的是《爱之胜利》,而不是《等待戈多》,这正如一位美国女作家带着无意识的邪恶和猥琐所认为的:这样做就好。希特勒和斯大林认为瓦托没有权力? 他们错了,就像如今的米洛舍维奇,伊斯兰教的完整保存传统主义或者民粹主义的广告泛滥一样,也错了。一位女权主义带头人依附达比了吗? 未加评论。或者说,需要证明这一切。在所有人物的例子当中,无论怎样愤怒要摆脱表面的智慧,轻快演绎极端深刻是经久不变的。在《法国观众》中,马里沃写到:"自然思考,就是保持偶然降临我们的独特思想……有了这份天赋,我们必然独特且非凡。"

用语言来表现人体,反之亦然,这就是一项大工程。我们事先并不知道我们所想的,所信的,所感知的:必须要说出来,必须要回答所说的。将"七星文库"第二卷里发表的剧目标题串联起来,我们得到了一部小说:爱的集合,爱的胜利,幸福的计谋,误解,虚假的隐情,意外喜悦,考验,争执,被克服的偏见。说到底,场景、变化、人物都不重要。一切都进行在话语的、暗示的、佯装的、掩饰的清醒陶醉中。这就是真实的娱乐本身,就是说偶然的,就是说一种比人性要求更为强烈的必需性。人们在自己面前发现了"嫉妒、平静、担忧、欢乐、喋喋不休与各色的沉默"。对话是发现隐藏的正确性的试金石,它去除了性别之间存在的所谓深渊的诅咒(说到底,法西斯主义的存在除此之外别无他故)。一个男孩对一个女孩说:"我待在你身边也是徒劳,我总是看不透你。"她回答说:"这就是我的思想;而人们无法相互看得更透,因为我们都在。"这是马里沃的思想体系吗?不是的,欲望的小小单位,冲动的分裂,触碰的技巧都在鼓励才能发展的同时,让糟糕的本性丧失了资格。爱神丘皮特说:"我不麻痹他们,我把他们唤醒;他们如此活跃以至于没有闲暇表现温柔;他们的目光透着欲望;他们不会叹息,而是进取;他们不乞求爱情,他们想象爱情。他们不说:请赐给我恩惠吧,而是将其夺取。"理性的文明经历的是这团显然有利于某些女性的火焰。女性选举自由意味着短暂的自由。需要阅读《殖民地》这部马里沃最"女权主义"的戏剧。唯一的法则就是相信它的言语行为及其中的细腻差别。剩余的部分随之而来:言语行为的错误就是爱情的错误。《幸福的计谋》中的伯爵夫人冷酷地说:"您要习惯于这样想:您的叹息不能逼迫我用我的叹息与之附和"。另外,还是这个女人,还说过"这不是我的错"这个精彩的句子,拉克洛斯在后来的《危险关系》中对这句话记忆犹新。

　　西尔维亚是著名的意大利女演员,马里沃发掘了她所有的细腻之处,她开始时抱怨自己无法进入交付给她扮演的角色。她那时还不认识马里沃。他去她住的地方给她一段段地念剧本。她说:"啊,我都明白了。但是您,您是魔鬼还是作者啊?"马里沃回答:"我不是魔鬼。"他很帅,我觉得她是听到声音认出他应该就是这个奇怪的作者。

古典主义作家的品味

如今人们会陷入这样的悖论中：对广告和电视越无知，低下的品味越会在确定不受处罚的状态下释放出来，古典主义作家也越发变为惊人的、革命的、疯狂的、超现实主义作家的代名词。这是悖论还是理性的狡诈？无论如何，这种现象已经出现，慢慢地扩散，强加与人了。在一个所有人都认为自己能成为作家且几乎无人能阅读的社会，帕斯卡尔和拉布吕耶尔稍加掠过，就会突然迈出令人晕眩的步伐。一代代年轻人惊讶地发现了他们。没有人对他们说过这些；他们也不能对任何人说。另外，庸俗和不道德变得如此常见，如此傲慢，以至于觉醒的年轻人只是为了喘口气,就会投身于以往的任意一卷书籍当中。但是古典主义作品,有那么多,如此之长,更喜欢哪本?该从哪里开始呢?这样就迎来了鱼钩、诱饵、夜间信号的时代,简言之,小部头的选集,明显的宝物,简短廉价的册子,都提供给了那些渴求的、匆忙的,又希望把握持续影响力的人。反商品的时代开始了。这就是未来。

例如,孟德斯鸠的《论品味》[①]在他死后发表,我们在消遣的过程中顺便得知这篇未完成的文集在1793年险些被孟德斯鸠的儿子让-巴普蒂斯特·塞孔达烧毁,还是儿子的秘书把它从这场摧毁中抢救了回来。为什么?这是一部会连累人的文献,可能会给他的家庭带来烦恼。这个当时没有比现在有好声誉的品味,甚至会给你们招来杀身之祸。是有太多的逻辑、句法、词汇、细腻的表达、知识和参考引文吗?令人怀疑。"品味不是其他,它只有利于细致敏捷地发现每一件事物会给人带来快乐的本质。"孟德斯鸠随即强调了速达的品味,强调自己天生聪

---

① 孟德斯鸠:《论品味》,后面是让·斯塔罗宾斯基的一篇文章,海滨出版社,"小图书馆",1993;路易·戴格拉夫作后记及注释。

慧就在于运用了一些自所不知的规则。一个世纪之后，洛特雷阿蒙在充分评估了19世纪浪漫主义的灾害后，在《诗集》中只这样说："品味是概括了所有其他品质的基本品质。这是智慧的最高峰。只有通过它，天赋才是最为健康的，所有能力才得以平衡。"然而，孟德斯鸠已经说过："思想就是在与它相宜的事物中，拥有精心构建的机体。"

敏捷、凝练、直接运用一个无意识的理论。孟德斯鸠为了让人理解，很自然地运用了拉丁语。因此，弗洛鲁斯想这样概括汉尼拔犯下的所有错误(这个表述对任何一个军事或战略指挥家都有用)："Cum Victoria posset uti, frui maluit."翻译过来，立刻就变成了长句："当他能够利用胜利的时候，他更喜欢享受它。"拉丁语言简意赅："Oderint, dum meturant"，"只要他们怕我，就让他们恨我吧"。品味首先是一个建构，是对序列的一种强烈而秘密的感受。因此会有有序的享乐，也会有变化和意想不到的享乐。目的总是为了刺激。一个好的作家能"在灵魂中同时激发出最多的感觉"。还有："为了我们的灵魂受到刺激，必须要让思想在神经中流动。"最后还有我不知道是什么,隐形的魅力,自然的馈赠,这并不一定是被强迫认可的、一成不变的美(不是如今杂志上的狂热的品味糟糕的美),而是一种人们并不期待的但是即使在丑陋中也能显现出来的元素:"一个女人不能只用一种方式显示美丽,但她风情万种时,总能表现美态。"总之,最关键的时刻是在意想不到中循序渐进的时刻。孟德斯鸠在此选择的范例就更奇怪了:罗马圣皮埃尔大教堂:"如果它不那么宽阔,我们会吃惊于它的长度;如果它没有那个长度,我们会对它的宽度感到惊讶。"有序,有变化,有惊奇,规则在例外中失去平衡(米开朗基罗),这一切就是自我对自我坚持创新的成果:"每一刻,都有一个有思想的人根据当前的需要诞生;他知道并感觉到事物与自己之间的确切关系。"关于孟德斯鸠,让·斯塔罗宾斯基谈论对洞察力的渴望是有道理的,这个洞察力附合瞬间移动的光线。说"光线",其实是为了忽略说明光线的速度。糟糕的品味总是沉重且迟缓,徒劳焦躁地进行炫耀,无果地与刺激做对。蒙昧主义(因此在任何思想派别中出现)本身就是一种糟糕的品味。它无法具备品味的策略,在这个问题上也没有善或恶的情感。它存在或许不存在。由于它自身的合理性而不公正。

这就是为什么没有相关约定；没有深思熟虑，没有相互对话的问题。品味直接通向社会颠覆。证据是孟德斯鸠的另一篇文章《真实的历史》[①]。罗杰·凯洛依斯说，这是一部"反映坚实的、无怜悯之心的犬儒主义，坚信自我"的短篇小说。涉及变形和灵魂转世。孟德斯鸠在此表现得和卡夫卡一样狡猾。首先，叙述者是一名印度苦行主义哲学家的贪婪奴仆。他死了，在来世被审判，并被罚转世为动物。他就这样变成了昆虫，之后又变成鹦鹉，自认为比人类还高级。然后又变成了小狗（"我如此的美丽，以致我的主人白日糟蹋我，整夜都闷得我喘不过气来"）。其他转世的有狼、埃及的圣牛、像神一样被人崇拜的大象。最打动人的，是孟德斯鸠面对生命、死亡、时间、空间、物质或意识形态局限性的从容潇洒。他变回人后十八岁那年被绞死了。然后他又成了一个有很多情人的女人的丈夫。他也有了个情妇，但这个情妇勾搭了一个

---

① 孟德斯鸠：《真正的历史》，附让-雅克·贝尔的评论文章：《对真实历史的批评》，幽灵出版社，《幽灵小书社》，1993。——原注。

军人;这个军人勾搭了一个阿波罗的女祭司;阿波罗的女祭司勾搭了一个笛子手;笛子手勾搭了一个高等妓女;高等妓女勾搭了一个奴仆。什么样的连环关系啊!叙述者说:"我一下子就打破了所有这些男男女女之间的关系。"说到男人们和女人们,可以更笼统地说人们是被称之为爱的关系,孟德斯鸠特别说到了金钱的问题,在这方面,《波斯人信札》的作者比《虞丽埃特》的作者更要超前。其他探访过的人生境遇还有:蹩脚诗人、廷臣、官员、25岁的女人、阉人、刚解除监护的12岁小姑娘("我越不值钱,越显得越珍贵……我有很多奇遇,很多的办法让我丈夫的家庭从最卑微的开始变得名气大振")、纨绔子弟、幼稚愚蠢的假正经女人、作家("我写了一本书……我的作品获得了巨大成功……在此之前我是所有人的朋友。但很快我有了大量的素未谋面的对手和敌人")。主人公在穿越了两性身体、所有年龄和所有社会状况结束历险后,从哲人退化到贫穷的不抱幻想的剃头匠。在这个过程中,一切都可能是相对的,受愚弄的、被废除的。这就是聪明的孟德斯鸠和他那糟糕的揭露了支配人类际遇规则的思想。不合逻辑、愚蠢、嫉妒、虚荣、私利、贪婪:最终形成对各种层次的糟糕品味。

还有其他要主攻的小书是什么呢？伏尔泰1758年前夕写于菲尔内的《回忆录》（伏尔泰那时有64岁了，却还像25岁似的）。这个写法和《老实人》的写作一样熠熠生辉："我厌倦了在巴黎的闲散又纷乱的生活……一些劣质的受到国王特许印刷的书籍，一些文人的阴谋，一些破坏文学名誉的无耻之徒的掠夺与卑鄙行为[……]。"人们难得变得更现实。伏尔泰全速清算他的账目。他首先面对腓特烈·德·普鲁士，在描写其父亲的粗俗时，巧妙地羞辱了他的贪婪、暴力，把他的儿子描述成一个写蹩脚诗歌的半阉割的怪癖："他不能扮演一流角色；只满足于次要角色。"然而人们对这位王子有这种怜悯又讽刺的同情，因为他拥有能赞赏你的出色品味。"无忧无虑"还算是一座城堡，那里的言论自由达到了特别的水准："人们在世界上的任何一个地方，都不可能以人类迷信的自由度说话，这些迷信绝不会受到更多的笑话和轻视的对待。"阴谋、秘密外交、走廊上的抨击文章、与莫佩尔蒂或拉美特利的地位之争，法兰克福事件（伏尔泰和德尼夫人的府邸，被普鲁士国王下令监视），这一切都笼罩着同样尖刻的讽刺,无关紧要,因为就是我伏尔泰说出了这些,并跨越至上的权力与表象而决定这样做的。伏尔泰完全不是易怒好争的人,丝毫不记恨(这可能是糟糕的品味),我们不要坚持,风格不允许他这么做。他也是伪善的对立面:请看我的人类之爱多么博大,看我在此多么夸耀自己。不:荣誉,受宠,失宠,旅行,战争,宗教战役,同行的平庸("文学的渣滓"),朝廷的心胸狭隘(蓬巴杜毕竟只是"愚蠢的贵族小姐"),总之,历史,人们勒令我们尊崇的是骗人的历史,一切都颠倒并返回到虚无。达米安吗?一个配着小折刀的可怜的学究,只能擦破路易十五的一点表皮。最高法院对《大百科全书》的判决吗?这是一件针对一本还有很多不足之处的书籍的可笑事件,最高法院依赖亚伯拉罕·肖梅这类江湖骗子引出的闹剧:"亚伯拉罕·肖梅,从前的酸醋商人,加入冉森教派后成了狂热的冉森派教徒,于是又成了高级法院的权威人士;奥迈尔·弗勒里赞扬他像教父一样。肖梅此后当过莫斯科的小学教师。"这也像在孟德斯鸠的作品里一样,事情的本质是人们患了不治之症,如果人们叫疼或者不把这种认定转化为快乐,那么人们并不真正了解这种症状:"就像我无法肯定能让人们变得更加理性,让高级法院不那么迂腐,让神学家不那么可笑,我远离他们继续幸福地过活。"只有两件事比较重要:休息和自由。要做到这样,必须实现财务独立(腓特烈在认识到他没有受到太大损害时很快就与伏尔泰和解了)和不被控制的生活方式,总是处于边界位置:"有人问我通过何种手段做到活得像个包税人似的:说出来是件好事,让我的例子能够发挥作用。我看到了那么多贫穷的受鄙视的文人,我长久推断的结果是,我不该再增加其数量了。"所以说,这一切都是为了这份不可思议的公告:"我听到很多谈论自由的话题,但是我不认为在欧洲能有一个人能获得和我一样的自由。谁愿意并能做到就遵循我的范例吧。"

小说的自由

让我们打开藏宝的洞穴：小克雷毕雍、杜克罗斯、多古尔、拉莫尔里埃尔、瓦兹农、布瓦耶·达尔让、伏纪海·德蒙波荣、多哈、内尔西亚、维旺·德农①……这不只是一些书，而是一大群人重新向我们迎面而来，说话、行动、施伎俩、享乐、思索。我们会像加尔文的时代那样，说这是"追求精神的放纵者们的狂热激烈的教派"吗？或者还是像冉森教派的尼古拉所言："小说的制作人是公众的毒害者"吗？说到底，在整个文学史上可能只有一个真正的

---

① 《18世纪的放纵小说》，拉封出版社，《旧书集》，1993；雷蒙·特鲁松修订、推荐并笺注的文本集。

争论:压抑还是坦诚。今天在所有的理论和世界观之下,要懂得重新发现这一矛盾。最终承认"法国的18世纪"的表达是一种同义迭用:18世纪是法国的,是从定义上认定。马里沃道:"巴黎,就是世界,其余地方只是乡下。"重新发现待开拓的巴黎,就是重新发现世上对抗所有权力和神职(包括事务神职人员、在俗教徒和卢梭主义者,与毛拉①的神职人员一样,都不是最不受压抑的)的清晰小说。

弗尔提埃尔说过:"一个学生在不愿意听从他的老师时,是放纵的。一个女孩在不愿意遵从她的母亲时,是放荡的,一个女人在不愿意顺从她的丈夫时也会是放荡的。"没有什么更好的说法了:老师、母亲、丈夫,给他们带来干扰的,正是身体经验和表达的自由。有人**在懂得说出这件事的时候**变得放纵、猥亵、淫秽、色情、下流,社会喜剧在整体上受到质疑。萨德把这一认知运动带向了极致,并在《虞丽埃特》中给出了最好的定义:"放荡是一种感官上的堕落,意味着所有约束力的整体破碎,对所有成

---

① 某些地区穆斯林对伊斯兰教学者的尊称。——译者注

见的最有效蔑视,对一切崇拜的整体颠覆,对整个道德品质的最深层恐惧。"小说不能传递这种能量,就不该写出来。

这是小说面临的危机吗?不,是生存自由面临的深层危机。我们读的这本文集中不同作者的文章都参差不齐吧?有什么关系。不管是为了对抗无休止的浪漫主义的消沉的宣传,还是仅仅为了抵制民众主义商业化的庸俗乏味,都很紧迫。思想如何能传达给那些具有如此天赋才能的新人们,这是唯一严肃的哲学问题,而小说就是为了激发其共鸣。其中最为重要的是以"女性"实体(黑格尔称为"对共同体的永恒讽刺")为核心饱受激励的言辞。啊,假设艾玛·包法利不是沉溺于爱情小说,而去翻阅《沙尔特勒修会的修士》! 相对于19世纪开始到20世纪日益恶化的黑暗时期,回顾摄政时期起到了长舒一口气的效应。恐怖时期是否制裁了那个有着明确幻想的年代? 也许吧? 但是最终它自己也受到了惩罚。摄政时期,一个传奇的时代。《心与思的堕落》,这部值得反复阅读的杰作是这样描述这个时代的:"对一个女人说三次她很漂亮,是因为这样就毋需再多说了;从第一次开始,她就肯定相信了您,第二次她会感激您,通常第三次就会回报您。"加油,教育快速进展,谈话不是无的放矢的。

第二部几乎不为人知的著作是:《哲学家泰利兹》。开篇宣称:"快感和哲学是智者的幸福。他因为爱好而信奉快感,因为理性而喜欢哲学。"这就是人们所需要的小说,它让人们因为乐于求知而一页页地翻阅它。因无法满足快感形成的丧智的困惑和不幸的反思,都是反小说的。这是显而易见的,令人恼火的,难以忍受的,但就是这样。此外,作者预先把他的悲观主义传达给了我们:在10万人中,只有20人勉强算得上是会思考的,只有4人算得上是可以独立思考的。因而小说哲学不是所有人都能够理解的,更何况其中不会有性民主:"这些真理只有那些会思考的人才会知道,并且他们的爱好之间如此平衡以至于互不受任何控制。"放纵的教学不能不秘密地进行。那里有喋喋不休的说教艺术,有重要的能引发直接刺激效果的,产生窥淫癖和绘画科学的,揭露所有消极课程的阅读。德农后来写道:"欲望是通过图像滋生的":禁止图像和刻版印刷总是表达了一种扼杀欲望的意图。从这个观点来看,清教主义和众多淫书淫画是同一类的。

还有一本什么杰作吧？有的，就是福热莱·德·孟布隆的《补衣女马尔戈》。这次讲的是卖淫的内幕，大王宫，歌剧院，各种癖好，各种狂躁，各种药剂。这是一部在1815年、1822年和1869年下令被都销毁的书：一部完整的纲领性书籍。例如，你们可以从中获知，一种被称为"取之湖"（Du Lac）的收敛药，能够"在一刻钟之内见效，给最具服务功能的东西带来焕然一新之感"。福热莱·德·孟布隆，这位伟大的欧洲旅行家和《世界主义者》的作者，吓坏了狄德罗，嘲笑了柏拉图。带着自由的思想，他从不隐瞒对男人的憎恨。他的策略很简单："那些大人物之所以伟大仅仅是因为我们渺小；可笑的偏见激发我们对他们产生了盲目怯懦的崇拜，让他们在我们眼中高高在上。请大胆面对他们吧；请敢于撕开环绕在他们周边的虚假光环，威望就会消失。"接下来建议你们遵循金融家智慧。

最后还有一颗钻石：维旺·德农的《没有明天》。在其中的几页纸里，蕴含了怎样的艺术啊！迅速的叙述（"带着对女人的想象飞快前行"），多变的景色和环境(夜晚、片刻、露台、花园、草坪上的长凳，走廊、暗门、沙发、坐垫),鲜活生动的对话,混淆和反转的角色……我们可以把小说的效率概括为:"每个词都处在情境当中。"那里还有一个女人进行的一场秘密紧张的游戏。但是严肃的讽刺要求题铭出自考林辛式诗文,成为对未来有悟性作家的真实祝词:"具有杀伤力的文字,充满生机的思想。"因此,它是一切最不可能受尊重的小说中的一种。

萨德的诞生

有种常见的、民主化和浪漫主义的偏见:愿天才都没有父亲,起码没有杰出显眼的父亲。在这样一套均衡主义的规则下,必须有异乎寻常的例外,颠覆这些被接受的成见。不,这里说的不是耶稣基督,而是萨德。这位侯爵确实不是从天而降的,他的诞生是**预谋已久**的,他是俄狄浦斯彻头彻尾的反派。让-巴普蒂斯特伯爵作为其先驱(儿子保存了他的所有档案)在各方面都是令人惊愕的。家族小说?这儿有一部,足以严重削弱神经。萨德,可怕的萨德,他有一位不同寻常的父亲,既是外交家,哲学家,士兵,又是一个放荡的人?这是一位疼爱儿子又被儿子爱戴的父亲吗？这简直是精神创伤！丑闻！

不如说是施魔法。这些家信,突然被翻开,就这样在两个世纪之后达到了目的,这些信件对于历史学家来说,是能显现无数宝物的矿藏①。整个 18 世纪就此展开,在其中抗争、挣扎。让-巴普蒂斯特·德·萨德伯爵把一切都掺杂在一起,自己又陷入其中:战争、使团、戏剧、风流韵事、阴谋诡计。与他通信的人持续不断地告诉他那些最细微的军事变动,最值得关注的内幕动荡。他们或不知名或非常有名(其中有:伏尔泰、黎塞留元帅、达尔让松),他们都在写信,好像有一天要出版似的。他们都有惊世的才华。有时,在信的边缘空白处,侯爵会写上一段简短的评述。例如:"这是我父亲写给他其中一位情妇的信。"我们相信自己的想象。那位是德夏洛莱小姐,在伯爵看来,她的风格就是:"永远不要怀疑一个会等情人四年的女人的柔情……你好,小淘气。"

让-巴普蒂斯特·德·萨德的近百个朋友中有萨克

---

① "萨德文丛",《家信》.1——《父亲的统治》(1721—1760),法亚尔出版社,1993;莫里斯·勒维监督出版。

斯元帅(这一卷真是个奇迹,其中只有关于战争的细节描述和时机策略)。他对他写道:"让我参与到你的那些消遣中来吧。我希望它们乏味得能让我尽快再见到你……我们一起吃饭、一起打猎、一起玩乐,到处睡觉。但只有在法国,我们才能享受到爱情的所有乐趣,即使不能没完没了"。调子已定。他们相互快速畅谈,简明扼要地谈到围攻、战壕、进攻和反攻等事宜;谈到安排好的婚姻和迂回曲折的联姻;谈到荒唐和临终事宜;谈到升职和撤职;谈到近期的出版物或上演的喜剧。他的其中一位投身战争的通信者如此向伯爵写道(那是1743年,小唐纳蒂安三岁的时候):"那场舞会给您带来了一些好运,我并不吃惊。对我来说,我十分重视那些低层人的命运:我发现他们的处境变得好多了。这里有一个非常漂亮的小女孩,她几乎每天晚上都来看我。我们的谈话并不热烈,但是她只有十三岁,她的样子非常迷人。音乐是我最重要的资源。"每天晚上,他们一起在城里玩作弊游戏、皮克牌、马尼拉牌、纸牌赌、比里比赌(一种罗多中奖游戏)。最惊人的是那语言如此粗俗、敏锐、生动,好像它本身就在利用那些天赋异禀的指挥家或演员们的身体。他们不尊重任何物任何人。当时的大人物？伏尔泰吗？"他就是要时时跟人争吵：不管是将军还是仆役，对他来说都一样；一本放荡者的小册子拒不对他示以敬意，让他消失了。"马里沃？还不错，但是应该能做得更好。孟德斯鸠？他也许赋有天资，但是太吝啬了。剧本里的人物，无论是公众的或私交的，都叫什么弗洛里红衣主教，孔梯，坦散，布洛特侬，美女伊丝尔，贝尔尼。蓬帕杜夫人在里面，小克雷毕雍也在。路易十五多样化的性观念并没有阻止他成为"最好的国王"（达米安知道一些内情）。耶稣会会士和冉森教派之间爆发了激烈的斗争吗？也许吧，但这有什么意义？1745年，侯爵的父亲写下了这个句子："我享受一切，但绝非耳塞目盲。"伯爵的另一位情妇呢？就是安娜·夏洛特·德·萨拉贝里，洛美·德·维尔怒耶侯爵夫人。她对他写道："您很有魅力。您说起各种语言，都驾轻就熟。不管您是诗人、哲学家还是情人：我们总是很乐意听您说话。"还有："我驱赶了嫉妒：它让男女之间的关系变得棘手，并让正在受其困扰的人变得丑陋。我觉得它只有在一种极度的激情下才可以被原谅，因为狂热能宽恕一切。"狂热宽恕一切：这就是于丽埃特。

那个年代的画家是康坦·德·拉图尔和夏尔丹。克莱荣小姐在歌剧院演唱。争议的焦点地带是丰特努瓦,罗可斯,拉菲尔德。"敌人们不相信法国人会采取这样大胆的手段:事情的轻率为此做了保证。"当萨德伯爵在讲述他的一次冒险的时候,他如此表述:"我停止诉说,我行动,我胜利了。"连贯的思想形成的总体哲学可以用以下评语概括:"我无法忍受有人利用宗教来作恶。"所有这些诠释者都读过伟大时代(路易十四时期)的道德家的作品,这保留基本的范畴。他们了解引领世人固有的爱和虚荣心所包含的利益。人们对这些并不吃惊,也不害怕。当有这个必要的时候,他们总是很快作出决断:"洛安子爵得知自己得了天花的时候,他留好遗嘱,接受圣礼,让人演奏音乐伴随他直至死亡一刻降临。"当然,在背地里,那些虔诚的教徒很愤怒。他们揭露、威胁、试图营造恐怖气氛。他们貌似置之度外,其实不然!当这个装满宝藏的箱子猛然被打开的时候,真实的生活在悄悄地颤栗:隆热维尔夫人,是萨德伯爵的另一个情妇。她给他写信道:"除了我的温柔,没有什么能够配得上您的活力……别了,我的萨德。说出我爱说的'我的萨德'就说出了一切。"她还把后来《闺房的哲学》的作者(萨德侯爵)叫做"我们的孩子"、"我们的儿子"。他(萨德侯爵)在她家度假,那时他还像小天使一样钟情于威尔努耶夫人。他十三岁。威尔努耶夫人这么说他:"这是一个不一般的孩子。"隆热维尔夫人在给伯爵写信时说:"您知道他变得很美吗?我用柔和的杏仁油给他洗脸,因为我觉得应该这样做,我希望把他变得更美:这样一点都不会宠坏他。"是的,是的,这个小男孩"既有勇气又有思想"。他的骑兵指挥官也是这么认为的:"他的性格中有极其温柔的部分,这让他人见人爱。"然而,另一个见证者又让我们肯定这位年轻的侯爵有一个"猛烈易燃"的心灵或者不如说身体。他的父亲有何看法?他对自己的一个情妇说过(别忘了萨德"sade"可以从反面说是"maussade 阴郁不快的"):"我有几次看到过一些忠贞的爱人;他们带着一种忧伤,郁郁寡欢,令人不安。如果我的儿子要变得忠贞,我会很愤慨。与其这样,我希望他还不如从属柏拉图学派的。"而后的事情,我们都清楚了。

如今的伏尔泰

说到法国人，伏尔泰有一次给出了如下定义："……一个无知、迷信、愚蠢、残暴和玩笑的组合。"之后，谁没有发觉可以把这个定义用于整个人类呢？是的，正是这样，人们走过了从疾走的文盲阶段，到轻信、遗忘、愚蠢、层出不穷的大屠杀、躁动的消遣的阶段。我们思考着，"伏尔泰哲学"的欺骗性这个充满蜜意容忍度的面具，如何能够以资产者的方式贴合在这个清醒变幻的巨人的脸上。乐观的伏尔泰？多大的错误啊！悲观的或是虚无的伏尔泰？也不对。那么是什么呢？好吧，真相是我们所没有读到的。

1964年,巴特在《小说与故事集》①的美丽序言里写道:"除了仇恨体系别无其他(我们知道这个体系是最严酷的);它如今的敌人可能就是历史的、学科的、存在主义的学说派,是马克思主义者、进步主义者、存在主义者、左派知识分子,伏尔泰通过不断的戏谑方式来表达对他们的憎恨,就像他那时对耶稣会会士所做的那样。"如果没弄错的话,我们回到1994年,"左派知识分子"的处境并不比耶稣会会士适意。所以说是伏尔泰胜利了? 差远了。因为两百年前或三十年前的伪教徒前赴后继,"在政治上"总是"正确的",说真的,败类永存,而伏尔泰将其概括为这样一句话:"他们成为伪教徒是因为害怕一无是处。"对历史的膜拜之后是对历史的虚假终结;在19世纪的唯科学主义之后,是广义技术科学的统治时期;在存在主义价值观之后的是完整保存传统主义的强势回归和以"上帝"的欺骗性为卖点的狂热崇拜。伏尔泰是右派吗? 我们往下看,右派憎恨他,确切地说,他的笑声是致命的。

---

① 伏尔泰,《小说与故事集》,伽利玛出版社,佛利奥丛书第376集。

左派？不，他太自由了。中立派？但是，用他自己的话来说，他否定一切"中立"。于是如何？于是我们装作纪念他（他害怕会被关在先贤祠里，尤其是挨着卢梭），但我们出于各种原因，并不喜欢这个"智慧的圣者"，这是尼采对他的称呼，尼采最终承认伏尔泰是自己精神的先驱者。

请证明这一点：翻开《老实人》或《书信集》读读吧。伏尔泰压倒了单纯、复杂、电流、开心。这是造就男人的语言（这可以与耶稣基督竞争），一种不断运动不断超越的语言。与其"保护"法语，不如推广伏尔泰，下令致**全城与全球**(urbi et orbi)，系统地阅读他。例如："生活无非是烦恼或是搅拌的奶油。"还有："人不能长命。为什么鲤鱼比人的寿命要长？十分荒谬"还有："任何人对我说：像我一样思考或者上帝罚你入地狱，很快又会对我说：像我一样思考要不我会杀了你。"还有："我发现节制不足取胜，这是骗术。必须开战并且堂堂正正地死在脚下一堆过分虔诚的教徒尸体之上。"

所有这些利箭，都是我从伏尔泰宏伟的传记中借来的，这部传记最终由勒内·波莫①负责完成。是否应该

---

① 最后出版的两卷，第四及第五卷，《伏尔泰基金会，泰勒分支机构》，牛津大学出版社，1994。

奇怪它是由牛津大学出版社出版的？这很勉强。这些书赋有魔力。侦探小说，日常奇遇，有充满诡计、真诚、愤怒、傲慢的飞行城堡、这就是真相的表现形式。上帝啊，我们置身于如此之多的无知、迷信、愚蠢、残暴和玩笑的包围里，缺少的正是这个！这份关于"欧洲的客栈老板"的工作，充满耐心，从不让人觉得无聊，这是一部伟大的著作。明显令人目瞪口呆的20世纪末，把伏尔泰这样强加于我们，是为了揭露正在进行中的阴谋诡计吗？我非常喜欢他晚年在菲尔内时一位女访客的记录："他很开心很健谈。我们谈到死亡时笑得透不过气来。"她始终不知道，这句包含三个动作的声明有一天传达给了德尼夫人："有人想埋葬我，但我逃过一劫。晚安。"

"轻与重"文丛(已出)

01 脆弱的幸福　　　［法］茨维坦·托多罗夫 著　　孙伟红 译
02 启蒙的精神　　　［法］茨维坦·托多罗夫 著　　马利红 译
03 日常生活颂歌　　［法］茨维坦·托多罗夫 著　　曹丹红 译
04 爱的多重奏　　　［法］阿兰·巴迪欧 著　　　　邓　刚 译
05 镜中的忧郁　　　［瑞士］让·斯塔罗宾斯基 著　郭宏安 译
06 古罗马的性与权力　［法］保罗·韦纳 著　　　　谢　强 译
07 梦想的权利　　　［法］加斯东·巴什拉 著
　　　　　　　　　　　　　　　　　　　　杜小真 顾嘉琛 译
08 审美资本主义　　［法］奥利维耶·阿苏利 著　　黄　琰 译
09 个体的颂歌　　　［法］茨维坦·托多罗夫 著　　苗　馨 译
10 当爱冲昏头　　　［德］H·柯依瑟尔　E·舒拉克 著
　　　　　　　　　　　　　　　　　　　　　　　张存华 译
11 简单的思想　　　［法］热拉尔·马瑟 著　　　　黄　蓓 译
12 论移情问题　　　［德］艾迪特·施泰因 著　　　张浩军 译
13 重返风景　　　　［法］卡特琳·古特 著　　　　黄金菊 译
14 狄德罗与卢梭　　［英］玛丽安·霍布森 著　　　胡振明 译
15 走向绝对　　　　［法］茨维坦·托多罗夫 著　　朱　静 译

16 古希腊人是否相信他们的神话

　　　　　　[法]保罗·韦纳 著　　　　　　张 竝 译

17 图像的生与死　　[法]雷吉斯·德布雷 著

　　　　　　　　　　　　　　黄迅余　黄建华 译

18 自由的创造与理性的象征

　　　　　　[瑞士]让·斯塔罗宾斯基 著

　　　　　　　　　　　张 亘　夏 燕 译

19 伊西斯的面纱　　[法]皮埃尔·阿多 著　　　张卜天 译

20 欲望的眩晕　　　[法]奥利维耶·普里奥尔 著　方尔平 译

21 谁,在我呼喊时　[法]克洛德·穆沙 著　　　李金佳 译

22 普鲁斯特的空间　[比利时]乔治·普莱 著　　张新木 译

23 存在的遗骸　　　[意大利]圣地亚哥·扎巴拉 著

　　　　　　　　　　吴闻仪　吴晓番　刘梁剑 译

24 艺术家的责任　　[法]让·克莱尔 著

　　　　　　　　　　　　　　赵苓岑　曹丹红 译

25 僭越的感觉/欲望之书

　　　　　　[法]白兰达·卡诺纳 著　　　　　袁筱一 译

26 极限体验与书写　[法]菲利浦·索莱尔斯 著　唐 珍 译

27 探求自由的古希腊 [法]雅克利娜·德·罗米伊 著

　　　　　　　　　　　　　　　　　　　　张 竝 译

28 别忘记生活　　　[法]皮埃尔·阿多 著　　　孙圣英 译

图书在版编目(CIP)数据

十八世纪的自由 /(法)菲利浦·索莱尔斯著;唐珍,郭海婷译.
--上海:华东师范大学出版社,2017
("轻与重"文丛)
ISBN 978-7-5675-6370-4

Ⅰ.①十… Ⅱ.①菲…②唐…③郭… Ⅲ.①文化研究—法国—18世纪 Ⅳ.①G156.5

中国版本图书馆 CIP 数据核字(2017)第 066986 号

华东师范大学出版社六点分社
企划人 倪为国

轻与重文丛
十八世纪的自由

主　　编　　姜丹丹　何乏笔
著　　者　　(法)菲利浦·索莱尔斯
译　　者　　唐珍　郭海婷
责任编辑　　陈哲泓
封面设计　　姚荣

出版发行　　华东师范大学出版社
社　　址　　上海市中山北路 3663 号　邮编　200062
网　　址　　www.ecnupress.com.cn
电　　话　　021-60821666　行政传真　021-62572105
客服电话　　021-62865537
门市(邮购)电话　021-62869887
地　　址　　上海市中山北路 3663 号华东师范大学校内先锋路口
网　　店　　http://hdsdcbs.tmall.com

印　刷　者　　上海中华商务联合印刷有限公司
开　　本　　787×1092　1/32
印　　张　　5.5
字　　数　　56 千字
版　　次　　2017 年 6 月第 1 版
印　　次　　2017 年 6 月第 1 次
书　　号　　ISBN 978-7-5675-6370-4/I·1676
定　　价　　38.00 元

出版人　王焰

(如发现本版图书有印订质量问题,请寄回本社客服中心调换或电话 021-62865537 联系)

Liberté du XVIIIe
By Philippe Sollers
© Éditions Gallimard, Paris, 1996
Published by arrangement with Éditions Gallimard.
Simplified Chinese Translation Copyright © 2017 by East China Normal University Press Ltd.
ALL RIGHTS RESERVED.
上海市版权局著作权合同登记　图字:09-2012-022号